ESPÍRITU DE DIOS

Conoce la obra, el poder y la plenitud del Espíritu Santo

LifeWay Press® • Nashville, Tennessee

Introducción

A pesar de los más de dos milenios de cristianismo que hemos vivido, aún hay innumerables miembros de iglesias que no disfrutan de las increíbles bendiciones que proporciona una existencia totalmente rendida al Espíritu Santo. En no pocas ocasiones los solapados discursos sociales de independencia, de que debemos mostrar liderazgo, fuerza y entereza y de que lo podemos todo si en verdad lo intentamos sin rendirnos, han calado la mente de los cristianos que han querido probar un poco de eso tan extraordinario que prometen esos paradigmas actuales. Sin duda, debemos dar siempre nuestro mejor esfuerzo. Sin embargo, estos discursos, al ser seculares, sacan a Dios de la ecuación y nos dejan solos con una enorme carga cuesta arriba. El poder que Dios otorga para vivir con sabiduría, santidad y en victoria sobre cada circunstancia está basado en la dependencia, no en la autosuficiencia. El Señor nos ha dado al Consolador para que no tengamos que cargar un gran bulto solos, para que obtengamos una perspectiva clara de lo que nos rodea, para guiarnos en el modo en que enfrentamos y solucionamos los problemas y para que disfrutemos en verdad la vida mientras nos dedicamos a lo realmente importante: servirlo. Sin el Espíritu Santo no podríamos aspirar a vivir en santidad, porque nuestra naturaleza caída nos atraería y nos seduciría una y otra vez, estaríamos perdidos, no sabríamos cómo actuar, cómo discernir de acuerdo con la voluntad de Dios y nuestros pies resbalarían a causa de todo aquello que compite por nuestra atención.

En este estudio conoceremos más sobre la función del Espíritu Santo y cómo experimentar Su poder en nuestra vida. ¡Prepárate para un estudio lleno del fuego de Dios!

Carlos Astorga
Director editorial, Lifeway español

José Vázquez
Editorial, Lifeway español

Envíe sus preguntas y comentarios a:

Lifeway Global Publishing Team
One LifeWay Plaza
Nashville, TN 37234

O un mensaje electrónico a
ministerioshispanos@lifeway.com

Creemos que la Biblia tiene a Dios como su autor; la salvación como su finalidad; y la verdad, sin ninguna mezcla de error, como su tema. Para ver los principios doctrinales que sustentamos, visite: *www.lifeway.com/doctrinalguideline*.

ISBN: 978-1-5359-9606-8

Impreso en EE. UU.

Índice

5 ***SESIÓN 1: El Espíritu Santo continúa la obra de Jesús***
Juan 14:15-26; 16:5-15

15 ***SESIÓN 2: El Espíritu Santo da nueva vida***
Juan 3:1-8; Romanos 8:1-11

25 ***SESIÓN 3: El Espíritu Santo da poder a los creyentes***
Romanos 8:12-39

35 ***SESIÓN 4: El Espíritu Santo provee sabiduría***
1 Corintios 2:1-16

45 ***SESIÓN 5: El Espíritu Santo es esencial para la vida santa***
Romanos 8:1-30

55 ***SESIÓN 6: El poder del evangelio en la vida cotidiana***
Hechos 3:1-26

65 Guía del líder

PREGUNTA # 1

¿Quién es el Espíritu Santo y qué hace?

SESIÓN 1

EL ESPÍRITU SANTO CONTINÚA LA OBRA DE JESÚS

LA BIBLIA SE ENCUENTRA CON LA VIDA

No hay duda de que, al pretender vivir en obediencia plena a la Escritura en un mundo en que esta no es norma de comportamiento, ni guía para las decisiones, requeriremos la preciosa y oportuna ayuda de Dios. Es en ese sentido que el Espíritu Santo continúa la obra de Jesús, Él nos acompaña, nos enseña, nos utiliza y se convierte en los pasos que guían nuestro andar.

VERDAD BÍBLICA

El Espíritu Santo es Dios y continúa la obra de Jesús al morar en los creyentes, enseñar la verdad y convencer de pecado al mundo.

PASAJE BÍBLICO

Juan 14:15-26; 16:5-15

BOSQUEJO DE LA LECCIÓN

Mora en los creyentes (Juan 14:15-17)

Enseña la verdad (Juan 14:25-26; 16:12-15)

Convence al mundo (Juan 16:7-11)

MORA EN LOS CREYENTES (Juan 14:15-17)

«Si me amáis, guardad mis mandamientos. Y yo rogaré al Padre, y os dará otro Consolador, para que esté con vosotros para siempre: el Espíritu de verdad, al cual el mundo no puede recibir, porque no le ve, ni le conoce; pero vosotros le conocéis, porque mora con vosotros, y estará en vosotros».

La resurrección de Lázaro no fue solo el más grande milagro del Señor descrito como una «señal» en el Evangelio de Juan, sino que también condujo a las autoridades religiosas a tomar decisiones que finalmente llevarían a la muerte de Jesús (Juan 11:47-57). El capítulo 12 nos relata la acción de María (la hermana de Lázaro) de ungir a Jesús con un costoso perfume. Él afirmó que esto era para Su sepultura. Al día siguiente hizo Su entrada triunfal en Jerusalén, lo que iniciaba la cuenta regresiva para Su crucifixión. Los capítulos 13–17 incluyen las instrucciones finales del Señor a los discípulos antes de Su muerte y resurrección en los capítulos 18–21.

En Juan 14:1-4, Jesús anuncia a Sus discípulos que se iría y prepararía un lugar para ellos en la casa de Su Padre. Luego, comenzó a prepararlos con esmero para su vida en la tierra sin Su presencia física. En 14:15-17, el Señor les aseguró que después de Su partida contarían con la presencia divina que necesitarían para su viaje espiritual. A los discípulos les resultó difícil al principio entender lo que Él les había revelado sobre Su muerte inminente. Por eso la promesa del Consolador tomó mayor significado para ellos después de Su muerte y resurrección. Versículo 15. Este versículo está unido a los anteriores. En 14:12-14, Jesús afirmó que los que creían en Él harían Sus mismas obras y «aún mayores» (no en calidad, sino en cantidad). El Hijo no podía estar físicamente en todas partes al mismo tiempo. Sin embargo, el Espíritu Santo viviría en cada creyente en todo momento. Aunque el Señor estaría ausente en lo físico, el Espíritu Santo estaría presente con los creyentes y les otorgaría el poder para vivir y ministrar de la forma en que Cristo lo hizo.

El verdadero amor por Jesús engendrará la obediencia a Sus mandamientos. La palabra «amáis», en este contexto, está más relacionada con la voluntad que con las emociones. Es un amor comprometido que escoge el bienestar del otro. El mandamiento del versículo 15 también puede transmitir la idea de que obedecer a Jesús es el resultado natural de amarlo. En términos actuales podría significar: «Si me aman, obedézcanme». Cuando amamos a Jesús, no lo obedecemos solo como un acto de la voluntad, sino también porque deseamos someternos a Él. La obediencia surge del amor.

Hoy en día algunos creyentes piensan que asistir a cultos de adoración y dejarse llevar por la música movida y los mensajes entusiastas evidencia mejor su amor por el Señor. La adoración es importante; sin embargo, es vacía si no demostramos nuestro amor por Cristo a través de la obediencia a Sus instrucciones. Las enseñanzas de Jesús se resumen en Sus mandamientos de amar a Dios y amarnos unos a otros. Esto significa que la forma en que tratamos

PALABRA CLAVE

Consolador. La palabra traducida consolador en Juan 14:16 también puede traducirse como «consejero», «ayudador» o «abogado». Significa «uno que es llamado a acompañar», con la implicación de proveer la ayuda necesaria. En el griego secular este vocablo denotaba «asesor legal» o «abogado», alguien que asiste a otro en una corte como consejero de la defensa, testigo o representante. Jesús utilizó el término para describir al Espíritu Santo. El Espíritu Santo está a nuestro lado (en realidad, dentro de nosotros) acompañándonos para ayudarnos a cumplir todo lo que Jesús desea que seamos y hagamos en el mundo.

a las personas es un excelente indicador de nuestro amor por el Señor. Él amó de tal manera a los perdidos que proveyó para ellos la salvación al morir por sus pecados. Expresamos nuestro amor por Jesús al preocuparnos por lo que Él se preocupó.

La forma en que utilizamos nuestro tiempo, energía y dinero, demuestra cómo es nuestro amor por Él. Amarlo no solo implica mostrar sentimientos de cariño, sino también vivir para agradarlo a Él y no a nosotros mismos.

> **Confecciona una lista de cinco cuestiones en tu vida que señalen tu amor por Cristo. Después, vuelve a leer el párrafo anterior y evalúa tu lista. ¿Se corresponden los elementos en esta con el criterio de «vivir para agradarlo a Él y no a nosotros mismos»? Observa una vez más lo que escribiste y pregúntate: ¿Qué nuevo discernimiento he obtenido con respecto a mi obediencia al mandato de Cristo de amarlo? Anota tus respuestas.**

Versículo 16. La obediencia sería la primera consecuencia del amor de los discípulos por Jesús. Luego, como resultado, Él oraría al Padre y pediría que enviara otro Consolador que estuviera con ellos para siempre. El Señor sabía que Sus discípulos no podrían brindarle el amor y la obediencia debidos en sus propias fuerzas. Necesitaban ayuda divina para vivir y servir como era preciso. Jesús pediría al Padre que llenara esta necesidad y el Padre honraría Su pedido.

A partir de Pentecostés, todos los creyentes reciben al Consolador (el Espíritu Santo) en el momento de la conversión. Sin embargo, experimentar la presencia y el poder del Espíritu Santo está condicionado por el genuino amor a Cristo y la sumisión a Su voluntad. Vivir para nosotros mismos se convierte en un acto de rebeldía contra nuestro Señor. La conducta egoísta contrista al Espíritu (Ef. 4:30). Si apagamos la obra del Espíritu en nosotros por la desobediencia (1 Tes. 5:19), no disfrutaremos de los beneficios de Su presencia como Jesús dispuso.

El término «otro» es la traducción de una palabra que significa «otro de la misma clase». Además de en Juan 14:16,26; 15:26 y 16:7, el evangelista también fue inspirado a utilizar el vocablo «consolador» para referirse a Jesús en 1 Juan 2:1. En este caso se traduce «abogado». Al tener la presencia del Espíritu poseemos la de Cristo y la del Padre. Dios está siempre con nosotros; cuando sentimos Su presencia y cuando no la hallamos. Debemos caminar por fe, no por sentimientos.

Jesús deseaba que Sus discípulos se sintieran reconfortados al saber que Su ayuda divina siempre estaría cerca. Durante el período en que Él ministró sobre la tierra, no podía estar en más de un lugar al mismo tiempo. Que el Padre entregue el Espíritu a cada creyente para siempre significa que el Consolador está con nosotros en todo momento y jamás nos abandonará. Tener el Espíritu Santo es lo mismo que tener a Jesús. Cada cristiano, sin importar en qué lugar del planeta se encuentre, posee un vínculo espiritual de familia con todos los demás cristianos. Así mismo, cada hijo de Dios tiene acceso inmediato al Señor. Cuando enfrentamos las realidades difíciles, inesperadas e inoportunas que este mundo con frecuencia nos presenta, contamos con el auxilio del Espíritu para superarlas. Al tomar decisiones de gran importancia, tenemos a alguien que puede ayudarnos a decidir sabiamente. Si estamos asustados, el Espíritu nos imparte coraje y

Notas

paz. Cuando trabajamos en ministerios desafiantes, Él nos llena con Su poder. En verdad no estamos solos.

Pregunta # 2

¿Qué te han enseñado sobre el Espíritu Santo o el Consolador?

Versículo 17. El Señor identificó al Consolador como el Espíritu de verdad. Jesús había afirmado: «... Yo soy [...] la verdad» (Juan 14:6). El Espíritu también se caracteriza por la verdad. El Hijo, refiriéndose a Su Padre expresó: «... tu palabra es verdad» (Juan 17:17). Por tanto, se espera que los creyentes sigan la verdad tal como la habló y la vivió el Señor y la comunican el Espíritu y la Biblia.

Juan usó el término «mundo» para referirse a los seres humanos que están en rebeldía contra Dios. Tales personas confían, pero solo en la medida en que sus sentidos físicos y habilidades mentales disciernen la realidad, por lo que están ciegos a la verdad espiritual. Esta clase de persona no puede recibir el Espíritu porque no lo ve, ni lo conoce (ver 1 Cor. 2:14). Jesús manifestó a Sus seguidores: «... pero vosotros le conocéis, porque mora con vosotros, y estará en vosotros» (Juan 14.17). Aunque la experiencia más íntima con el Espíritu llegaría en Pentecostés, para los primeros discípulos el Espíritu de verdad estuvo con ellos también mientras Jesús vivía.

ENSEÑA LA VERDAD (Juan 14:25-26; 16:12-15)

«Os he dicho estas cosas estando con vosotros. Mas el Consolador, el Espíritu Santo, a quien el Padre enviará en mi nombre, él os enseñará todas las cosas, y os recordará todo lo que yo os he dicho. [...]. Aún tengo muchas cosas que deciros, pero ahora no las podéis sobrellevar. Pero cuando venga el Espíritu de verdad, él os guiará a toda la verdad; porque no hablará por su propia cuenta, sino que hablará todo lo que oyere, y os hará saber las cosas que habrán de venir. El me glorificará; porque tomará de lo mío, y os lo hará saber. Todo lo que tiene el Padre es mío; por eso dije que tomará de lo mío, y os lo hará saber».

Juan 14:25-26. Las palabras de Jesús de que el Padre enviaría el Espíritu en Su nombre era otra manera de afirmar que enviaría al Espíritu Santo en respuesta a Su pedido (ver Juan 14:16). Cuando habla de «estas cosas» se refiere a lo que Jesús había dicho a los discípulos: «... el Espíritu Santo, a quien el Padre enviará en mi nombre, él os enseñará todas las cosas y os recordará todo lo que yo os he dicho» (Juan 14:26).

El Espíritu ayudaría a los discípulos a unir las predicciones de Jesús sobre Su muerte y resurrección con los informes de la tumba vacía y los testimonios de quienes habían visto al Señor resucitado. Una de las principales tareas del Espíritu sería ayudar a los primeros discípulos de Jesús a captar el significado redentor de Su muerte.

Estos versículos nos permiten comprender cómo entendieron los primeros discípulos la misión de Jesús. No se trataba de que el ministerio del Consolador proveería una nueva revelación que el Señor no había podido brindar. Cuando Él afirmó desde la cruz que había completado Su misión en la tierra («... Consumado es...», Juan 19:30), quiso decir que todo lo que vino a hacer y enseñar estaba cumplido. Había llevado a cabo el plan ordenado por Dios de proveer salvación a los pecadores perdidos, un plan que necesariamente incluía Su muerte. El Espíritu Santo dio a los discípulos el discernimiento espiritual para entender el ministerio de Jesús y el lugar de ellos en el plan de Dios.

Juan 16:12-15 explica más sobre el ministerio de enseñanza del Espíritu. Mientras enseñaba la noche anterior a Su crucifixión, Jesús sin duda se percató de que Sus discípulos estaban confundidos y que Sus anuncios sobre la persecución y la muerte eran demasiado para ellos en aquel momento (Juan 16:1-11). Aunque el Señor tenía muchas (más) cosas que declarar a Sus seguidores, tendría que dejarlas para después. Él conocía la importancia de la venida del Espíritu y sabía que este ayudaría a Sus discípulos a entender todo lo que necesitaran. Me inclino a pensar que Jesús trató de asegurar a Sus atribulados seguidores que tendrían guía divina frente al incierto panorama que se presentaba por delante. En tal caso, Él estaba dándoles al mismo tiempo un mensaje de despedida para el presente y de esperanza segura para el futuro en cuanto a que serían guiados. Prometió que el Espíritu Santo vendría a ellos y los guiaría a Su verdad (la de Jesús), les enseñaría más sobre los temas que Él había revelado durante Su ministerio terrenal y abriría su entendimiento respecto a todo lo que Jesús había dicho.

Versículo 13. El Espíritu Santo guiaría a los creyentes a la verdad que Cristo había revelado, guiaría a los discípulos de Jesús a comprender todos los aspectos y las implicaciones de la verdad revelada. El término verdad está relacionado con Dios el Padre (Juan 4:23-24), Dios Hijo (Juan 14:6) y Dios Espíritu Santo (Juan 14:17; 15:26; 16:13).

Así como Jesús habló (ver Juan 3:34; 7:16; 8:26) por el impulso urgente del Padre, también el Espíritu hablará por el impulso del Hijo. No podemos dejar de ver la armonía que existe en la Deidad (Padre, Hijo y Espíritu Santo). Si esta se caracteriza por la armonía absoluta, entonces nosotros, como creyentes, debemos buscar ser ejemplos coherentes de esta unidad en la iglesia hoy. La discordia entre los cristianos es como un ojo morado en el rostro de la iglesia (Juan 13:34-35).

El Espíritu también enseñaría a los seguidores de Cristo los acontecimientos que vendrían. Jesús quizás se refería a detalles sobre el reino futuro de Dios (como en el libro de Apocalipsis) o a mayor conocimiento de lo que ya había revelado de Su regreso y Su juicio en el futuro. No importa qué sucesos vendrán, el Espíritu Santo ya los ha revelado tal como planeó, por medio de los escritores inspirados del Nuevo Testamento. Todos esos pasajes de la Biblia se escribieron, por supuesto, después de que el Espíritu Santo viniera sobre los creyentes en Pentecostés. Las afirmaciones realizadas por personas que dicen haber recibido una revelación de la verdad que es adicional a la verdad inspirada por el Espíritu Santo en la Biblia, son falsas. ¡Cuidado con los falsos maestros!

Pregunta # 3

¿Qué evidencias observas en el mundo de hoy que sugieran o demuestren que el Espíritu Santo enseña la verdad?

Recordemos que Jesús hablaba a Sus discípulos, hombres que estaban turbados por la inminente partida del Maestro y los tiempos difíciles que pronto enfrentarían. Las enseñanzas de Jesús sobre el futuro (los eventos relacionados con Su regreso y el juicio final) estaban destinadas principalmente a alentar a las personas a confiar en Dios y vivir para Él en el presente.

Versículos 14-15. El mensaje de Jesús en estos dos versículos me hace recordar una fórmula matemática que aprendí en la escuela: si a=b y b=c, entonces a=c. El Espíritu llevaría a cabo la misión de Jesús tal como este llevó a cabo la misión del Padre. Por tanto, el Espíritu llevaría a cabo la misión del Padre. Las enseñanzas del Señor no se alterarían, desvalorizarían, ni fracasarían después de que no estuviera corporalmente con Sus seguidores. Jesús les aseguró con claridad que el Padre, el Espíritu y Él mismo estaban de acuerdo. Bajo el ministerio del Espíritu Santo, los discípulos entenderían mucho de lo que no lograron comprender cuando lo oyeron por primera vez de boca de Jesús. Es probable que todos nosotros podamos identificarnos con la experiencia de haber oído múltiples veces una verdad antes de vislumbrar lo que significaba. El Espíritu de Dios continúa Su obra de guiar a los creyentes a la verdad revelada por Jesús.

> **Tómate un tiempo para leer Juan 14 y 16. Confecciona una lista de algunas cuestiones que Jesús enseñó (tales como el cielo, la vida eterna, la paz, la obediencia, el amor y la fidelidad). Pide al Señor que te ayude a descubrir por medio de esta actividad verdades que quizás pasaste por alto antes cuando leíste estos capítulos. Al terminar, detente, ora y agradece a Dios por la presencia del Espíritu Santo y la invalorable obra que realiza al enseñarte Su verdad.**

CONVENCE AL MUNDO (Juan 16:7-11)

«Pero yo os digo la verdad: Os conviene que yo me vaya; porque si no me fuera, el Consolador no vendría a vosotros; mas si me fuere, os lo enviaré. Y cuando él venga, convencerá al mundo de pecado, de justicia y de juicio. De pecado, por cuanto no creen en mí; de justicia, por cuanto voy al Padre, y no me veréis más; y de juicio, por cuanto el príncipe de este mundo ha sido ya juzgado».

Caminar y hablar con Jesús había sido para los discípulos una experiencia indescriptible y maravillosa. Al oírlo y obedecerlo fueron llevados tan cerca de Dios como jamás habían soñado. Comprendemos que se sintieran destrozados al oírlo declarar que regresaría al Padre. El Señor sabía que sus corazones estaban inundados de tristeza, así que se dirigió a ellos en su dolor (Juan 16:5-6).

Pregunta # 4

Menciona y explica algunas formas en que, según tu percepción, el Espíritu Santo convence al mundo de pecado, de justicia y de juicio

Versículo 7. Los discípulos no podían ver el recubrimiento de plata en las negras nubes de la partida de Jesús. Pero Él deseaba que oyeran una gloriosa verdad sobre Su marcha. La muerte, la resurrección y la ascensión Suya al cielo los llevaría directamente a recibir al Consolador. Si Jesús no seguía el plan de Dios de dejar la tierra, nunca se cumpliría Joel 2:28-32. Por tanto, los discípulos nunca experimentarían el beneficio de recibir el Espíritu Santo. Habían conocido a Dios en Cristo, pero tendrían una relación aún más cercana con Él a través del Consolador que viviría en ellos.

Versículo 8. El versículo 8 sirve de introducción a otros que abordan la triple función del Espíritu Santo. Convencerá al mundo de pecado. La palabra convencerá puede significar «traer convicción». Se utiliza también en Juan 3:20 y en este caso significa «exponer». El Espíritu revela ante Dios aquellas actitudes y acciones del mundo relacionadas con Jesús y Sus enseñanzas y muestra el terrible grado de maldad en todo el globo. Que la preposición traducida «de» en el versículo 8 se utilice delante de cada término: de pecado, de justicia y de juicio, destaca el carácter singular de cada vocablo. El Espíritu Santo convence al ser humano de su pecado, del parámetro de la justicia manifestada en la vida terrenal de Jesús y del juicio que enfrentarán los pecadores. Sin embargo, lo que el Señor indica en los versículos 9-11 va mucho más allá de esos conceptos.

Versículos 9-11. El Espíritu Santo revela la verdad de Jesús a los corazones humanos. El Señor reveló que el Espíritu convencería de pecado al mundo incrédulo, por cuanto no creen en Él. La creencia que Jesús señalaba no es la sencilla creencia en los hechos históricos sobre el Hijo de Dios. Se refiere a la confianza en Él para hacer el bien porque esperamos Su promesa de salvación y a descansar en que Él lo hará. En Juan 1:12, creer en Jesús se expresa como sinónimo de recibirlo; por tanto, no creer en el Señor Jesucristo equivaldría a rechazarlo. No creer en Él es no creer en Dios, porque el Padre se ha revelado a sí mismo por medio del Hijo. Porque el más grande mandamiento es amar a Dios, el más grande pecado es rechazarlo por incredulidad. Jesús no mencionó otros pecados, porque cuando rechazan a Dios hacen lo mismo con Él y esta rebelión contra Dios da origen a todos los demás pecados. El Espíritu Santo obra a través del evangelio para mostrar la incredulidad como en verdad es. (Ver Juan 3:19-20). Después Jesús afirmó que el Espíritu convencería al mundo de justicia, por cuanto Él iba al Padre. El mundo juzgó al Señor y lo declaró impío, culpable de un crimen contra Roma y de blasfemia contra Dios. La resurrección de Cristo y Su regreso al Padre lo reivindican en Su inocencia y establecen Su rectitud. El veredicto del mundo rebelde demostró ser falso. A través del evangelio, el Espíritu revela a Jesús como el Justo.

Pregunta # 5

Explica en tus palabras: ¿cómo puede el cristiano fortalecer el vínculo con el Espíritu Santo de manera que Su obra sea continua y poderosa en su vida?

Él dijo a Sus discípulos: «...no me veréis más» (Juan 16:10). Al parecer, esto significaba que Su venida a la tierra como única vez para cumplir Su misión (que reveló la norma de justicia de Dios e hizo posible la justificación a través de Su muerte redentora) estaba a punto de completarse.

Finalmente, el Consolador (el Espíritu Santo) convencería al mundo de juicio, por cuanto el príncipe de este mundo (que es Satanás, el diablo) ha sido ya juzgado. Este es mentiroso y padre de mentira (ver Juan 8:44). Promueve falsas ideas en innumerables áreas, pero en especial le agrada fomentar mentiras sobre Jesucristo. El juicio de este padre de engaño se concretó con la muerte y la resurrección victoriosa de Cristo. Su juicio lo comparten todos aquellos que están bajo su gobierno de falsedad (Col. 1:13). Así mismo, el Consolador muestra a los no cristianos que han elegido al soberano equivocado y que enfrentarán el mismo juicio que su gobernante. Además, los convence de su abrumadora necesidad de someterse al Señor Jesucristo y poner su fe en Él.

> **Usa el ejercicio de equivalencia a continuación para repasar los significados y las definiciones clave de esta lección. Une cada palabra, frase o definición en la columna de la derecha con su ítem correspondiente en la columna de la izquierda. Si necesitas ayuda, repasa nuevamente esta lección.**

EJERCICIO DE EQUIVALENCIAS

__ 1. Harán obras mayores que las mías (Juan 14:12)

__ 2. Otro Consolador (Juan 14:16)

__ 3. Consolador (Juan 14:16)

__ 4. Mundo

__ 5. Enviar el Espíritu «en el nombre de Jesús» (Juan 14:16,25)

__ 6. La muerte, sepultura y resurrección de Jesús (Juan 16:7)

__ 7. Convencer al mundo de pecado, justicia y juicio (Juan 16:8)

__ 8. Convencer (Juan 16:8)

__ 9. El príncipe de este mundo (Juan 16:11)

__10. Significado de «Consolador» en el griego secular (Juan 14:16 y Palabra clave)

a. Abogado

b. El Padre envía el Espíritu «en respuesta al pedido de Jesús»

c. La triple función del Espíritu Santo

d. Significa «exponer»

e. Significa «otro de la misma clase»

f. Asesor legal; abogado; uno que es llamado a acompañar

g. En cantidad, no en calidad

h. Fueron necesarios para la venida del Espíritu Santo

i. Significa «las personas que se hallan en rebeldía contra Dios»

j. Satanás

APLICA LA SESIÓN A TU VIDA

¿Quién es el Espíritu Santo y qué hace? Él es Dios y continúa la obra de Jesús al vivir en los creyentes, enseñarles la verdad y convencer de pecado al mundo. Sometámonos a Su obra y confiemos en Él para que nos utilice y podamos cumplir cada día los propósitos de Dios.

1. **El Espíritu Santo entra en nuestras vidas en el momento en que recibimos a Jesús como nuestro Salvador personal; no se necesita una segunda experiencia para recibir el Espíritu Santo.**

2. **Él continúa la obra de Jesús en y a través de las vidas de los cristianos.**

3. **Cuando compartimos el evangelio con los no creyentes, el Espíritu Santo los convence de la verdad.**

Peticiones de oración del grupo

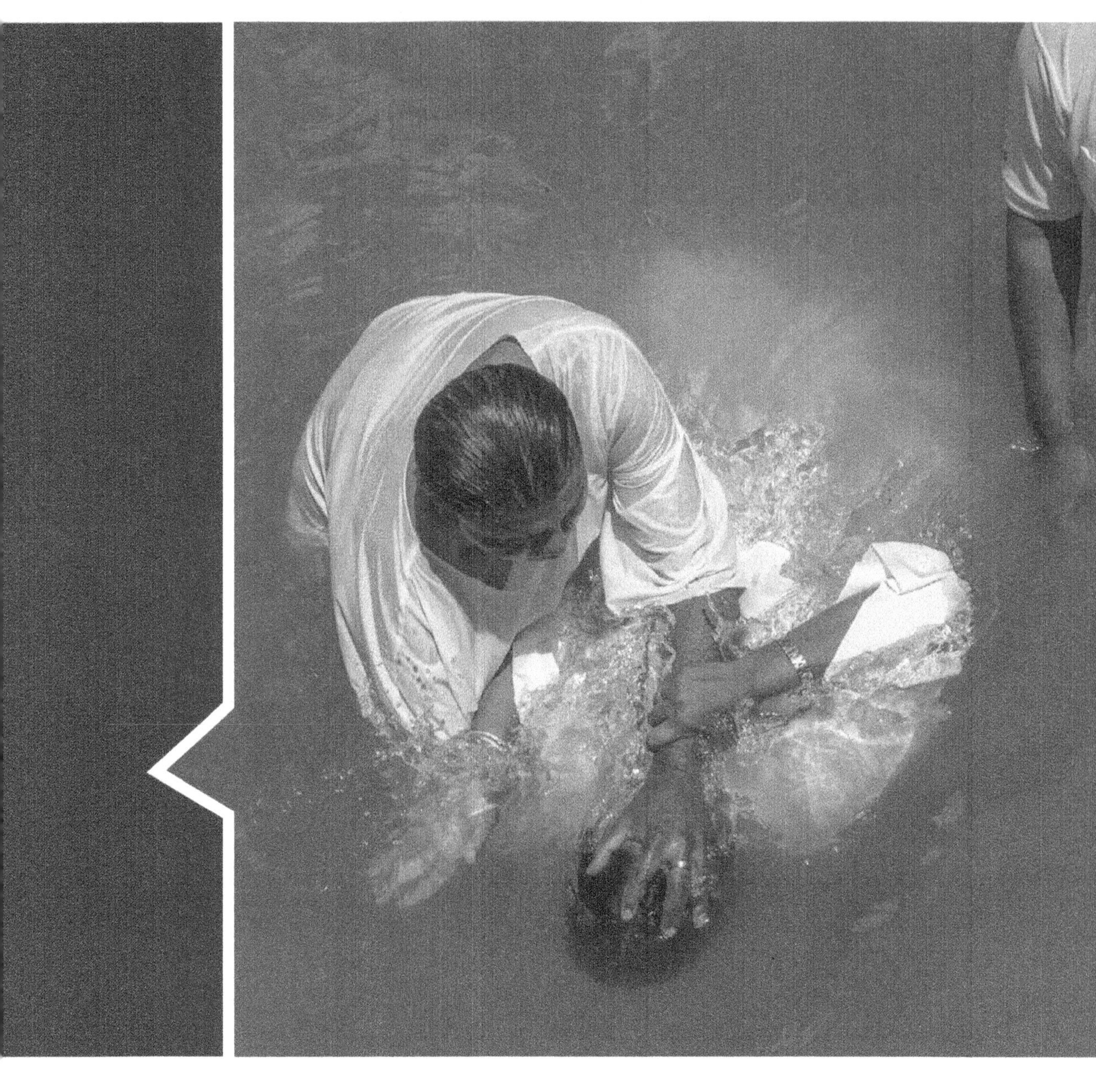

PREGUNTA # 1

¿Qué función cumple el Espíritu Santo en mi salvación?

SESIÓN 2

EL ESPÍRITU SANTO DA NUEVA VIDA

LA BIBLIA SE ENCUENTRA CON LA VIDA

La Palabra de Dios afirma que el Espíritu da testimonio a nuestro espíritu de que somos hijos de Dios. Si vivimos en comunión con el Espíritu Santo, aun cuando nos movemos y nos desarrollamos en este mundo convulso, podemos experimentar esa seguridad de que estamos en el lugar correcto y hemos elegido al Señor verdadero. Esa convicción solo puede nacer de una profunda y especial relación con Dios, una en que el mundo no ocupa el sitio, los honores, ni los afectos que corresponden al Creador. Es así que podremos experimentar cómo la verdad revelada en la Biblia tiene el poder de introducirse en este mundo y cambiar la realidad de todo aquel que la abrace con verdadera devoción. Es así que nos convencemos de que Él disipa toda confusión, nos impulsa en el camino, protege nuestra existencia y nuestra alma del mal y nos otorga el poder y la vida.

VERDAD BÍBLICA

El Espíritu Santo da nueva vida a quienes creen en Jesús.

PASAJE BÍBLICO

Juan 3:1-8; Romanos 8:1-11

BOSQUEJO DE LA LECCIÓN

Efectúa el nuevo nacimiento (Juan 3:3-8)

Da una nueva naturaleza (Rom. 8:1-6)

Provee un nuevo destino (Rom. 8:9-11)

LA BIBLIA DICE:

EFECTÚA EL NUEVO NACIMIENTO (Juan 3:3-8)

«Respondió Jesús y le dijo: De cierto, de cierto te digo, que el que no naciere de nuevo, no puede ver el reino de Dios. Nicodemo le dijo: ¿Cómo puede un hombre nacer siendo viejo? ¿Puede acaso entrar por segunda vez en el vientre de su madre, y nacer? Respondió Jesús: De cierto, de cierto te digo, que el que no naciere de agua y del Espíritu, no puede entrar en el reino de Dios. Lo que es nacido de la carne, carne es; y lo que es nacido del Espíritu, espíritu es. No te maravilles de que te dije: Os es necesario nacer de nuevo. El viento sopla de donde quiere, y oyes su sonido; mas ni sabes de dónde viene, ni a dónde va; así es todo aquel que es nacido del Espíritu».

En su Evangelio, con frecuencia Juan relata conversaciones de Jesús con las autoridades religiosas (en su mayoría fariseos) de Su tiempo. Uno de esos diálogos fue con un hombre llamado Nicodemo. Este era fariseo y, como tal, buscaba honestamente obedecer la ley. Sin embargo, los fariseos eran conocidos por «colar el mosquito y tragar el camello» (Mat. 23:1-36). El interlocutor del Señor era «... un principal entre los judíos» (Juan 3:1), esto significa que formaba parte del concilio judío, el sanedrín, que funcionaba como la corte suprema judía. También era un «... maestro de Israel...» (Juan 3:10), un término que podría denotar que Nicodemo era considerado el maestro religioso más importante en Jerusalén.

Mientras que la mayoría de las autoridades religiosas se enfrentaban a Jesús con hostilidad, Nicodemo vino a Él y reconoció que los milagros que realizaba daban testimonio de que había «... venido de Dios...» (vv. 1-2). No se menciona por qué Nicodemo decidió acercarse a Jesús de noche. Una visita nocturna quizás le ofrecía la mejor oportunidad, o la más segura, de tener una conversación personal con Jesús.

Versículo 3. Jesús respondió al halago de Nicodemo yendo directamente al punto. La expresión «de cierto, de cierto te digo» añade fuerza a lo que sigue. Con esto, Jesús aseguró a Nicodemo que le declararía la verdad. Él expuso la verdad de Dios con la autoridad de Dios, de modo que Sus palabras poseen absoluta confiabilidad. Declaró con precisión al fariseo, un «experto» religioso, que era necesario un segundo nacimiento para que alguien formara parte del reino de Dios. La palabra traducida «de nuevo» puede significar tanto «otra vez» como «de arriba» (ver Palabra clave). Quizás Jesús tuvo en mente ambas ideas, pues las dos describen de forma apropiada este nacimiento espiritual.

Versículo 4. Nicodemo respondió con dos preguntas: «¿Cómo puede un hombre nacer siendo viejo? ¿Puede acaso entrar por segunda vez en el vientre de su madre, y nacer?» (Juan 3:4). La segunda pregunta a veces se interpreta como insulsa, de mal gusto, sin sentido, desconcertante y lamentable. Sin embargo, el único término que cabe aplicar a la pregunta de Nicodemo es lamentable. Sus interrogantes tenían un aire de nostalgia, un genuino deseo de poder comenzar de nuevo.

PALABRA CLAVE

Nacer de nuevo. Jesús se refirió a la salvación como un nacimiento. Este nacimiento no es físico, sino espiritual. La expresión «de nuevo» (del griego a noten) también puede significar «de arriba». Jesús dijo a Nicodemo que si quería entrar al cielo debía nacer de nuevo; es decir, debía experimentar el nacimiento por segunda vez, un nacimiento de arriba o de Dios. El Nuevo Testamento se refiere a este acto de Dios como la regeneración (Tito 3:5) o impartir una nueva vida. Jesús afirmó que el único requisito para entrar al reino de Dios es que la persona haya experimentado un nuevo nacimiento, uno que solo Dios puede producir. Solo Él es la fuente de esta nueva vida.

Algunos estudiosos de la Biblia creen que la pregunta de Nicodemo sobre volver al vientre de la madre significa que había interpretado las palabras de Jesús, en cuanto a «nacer de nuevo», estrictamente en términos físicos. Para apoyar esto citan la respuesta del Señor al fariseo en Juan 3:6.

Aunque este significado es posible, no parece verosímil si consideramos la inteligencia y la sensibilidad espiritual de este fariseo. La idea de un nuevo nacimiento o nuevo comienzo quizás no haya sido un concepto totalmente extraño para Nicodemo. Pudo haber formulado su pregunta para expresar que la idea de comenzar de cero era en verdad buena, pero parecía por completo imposible.

Versículos 5-6. Jesús explicó que el nuevo nacimiento del que hablaba se refería a nacer de agua y del Espíritu. La expresión «naciere de agua» se puede interpretar de varias maneras. Podría significar el bautismo. Pero aun si así fuera, Jesús no quiso expresar que para ser salvo era necesario ser bautizado, aunque algunas personas utilicen erróneamente este versículo e insistan en ello. Otros señalan que se refiere al bautismo, pero que Jesús hablaba de este como una expresión externa de quien ya había recibido salvación a través del arrepentimiento genuino y la fe en Cristo. También se ha interpretado el agua como una referencia al líquido amniótico que se libera durante el nacimiento físico y se ha establecido un paralelismo entre los versículos 5 y 6. Esta lectura indica que cada versículo habla primero del nacimiento físico y luego del nacimiento espiritual. Así mismo, algunos consideran que los dos términos, «de agua y del Espíritu», significan lo mismo (como en el caso de «Espíritu Santo y fuego» en Mateo 3:11). Quizás una buena aproximación sea analizar cómo Nicodemo habría entendido la expresión «nacer de agua». Él habría estado familiarizado con el énfasis de Juan el Bautista en el bautismo en agua como señal de arrepentimiento (ver Juan 3:22-30). Así que, en apariencia, Jesús desafiaba a Nicodemo a arrepentirse y dejar su antigua vida y creer en Él como el Hijo de Dios (Juan 3:36). De este modo Nicodemo experimentaría el nuevo nacimiento y tendría una nueva vida generada por la obra del Espíritu de Dios.

Jesús destacó que el nuevo nacimiento es espiritual y no físico. No es producto del mundo natural, ni físico. Es un nacimiento espiritual producido por el Espíritu Santo. Para relacionarse adecuadamente con Dios, Nicodemo debía «... nacer de nuevo» (Juan 3:7); nacer del Espíritu. No existe una evolución de la vida física a la vida espiritual.

Creo que en los versículos 5 y 6 Jesús se refería a la incapacidad de Nicodemo de lograr por sí mismo la justificación delante de Dios. Los esfuerzos de los judíos por alcanzar la justificación por sus propios medios son tan inadecuados para la salvación como los sacrificios de los gentiles con el mismo propósito. Como fariseo, Nicodemo creía que podía alcanzar la salvación por guardar la ley. Sin embargo, la gracia funciona de la manera opuesta, porque desde el principio establece que nadie puede hacer absolutamente nada para merecer la vida eterna. La gracia de Dios brinda a las personas la oportunidad de recibir por fe la salvación que Él hizo posible al alto precio de la muerte expiatoria de Su Hijo en la cruz.

Versículo 7. Jesús repitió lo que había señalado en el versículo 3, pero aquí añade una advertencia a Nicodemo: «No te maravilles...». Él desafió a este maestro de la Escritura a aceptar y valorar una verdad: que Dios puede realmente cambiar vidas de manera profunda y permanente.

Notas

Pregunta #2

¿Qué papel juega el Espíritu Santo en el nuevo nacimiento?

Versículo 8. Jesús comparó la obra del Espíritu con el viento. No podemos ver el viento, ni saber de dónde viene, ni adónde va; solo experimentamos sus efectos. La conclusión es que nacer de nuevo por el Espíritu invisible de Dios produce resultados observables. No podemos ver el proceso espiritual detrás del nuevo nacimiento. Sin embargo, es posible ver sus resultados en vidas transformadas.

Jesús señaló a Nicodemo su necesidad de una nueva vida. Recuerda tu propia experiencia de salvación. ¿Qué circunstancias precedieron a la entrega de tu vida a Cristo? Describe cómo fue tu experiencia de consagración a Jesús. ¿Cómo ha cambiado tu vida desde aquel momento?

DA UNA NUEVA NATURALEZA (Romanos 8:1-6)

«Ahora, pues, ninguna condenación hay para los que están en Cristo Jesús, los que no andan conforme a la carne, sino conforme al Espíritu. Porque la ley del Espíritu de vida en Cristo Jesús me ha librado de la ley del pecado y de la muerte. Porque lo que era imposible para la ley, por cuanto era débil por la carne, Dios, enviando a su Hijo en semejanza de carne de pecado y a causa del pecado, condenó al pecado en la carne; para que la justicia de la ley se cumpliese en nosotros, que no andamos conforme a la carne, sino conforme al Espíritu. Porque los que son de la carne piensan en las cosas de la carne; pero los que son del Espíritu, en las cosas del Espíritu. Porque el ocuparse de la carne es muerte, pero el ocuparse del Espíritu es vida y paz».

La enseñanza de Jesús a Nicodemo en Juan 3 es un pasaje central en la Biblia sobre la nueva vida que el Espíritu Santo otorga a los creyentes. En el capítulo 8 de la Epístola a los Romanos, Pablo también habló del Espíritu Santo y la nueva vida.

Versículo 1. La expresión «Ahora, pues» indica que Pablo sacaba una conclusión sobre lo que había escrito antes. En Romanos 7 él describió la lucha y el fracaso de tratar de obedecer a Dios sin la ayuda del Espíritu Santo. Aunque algunos estudiosos de la Biblia creen que todo el capítulo 7 describe experiencias anteriores a la salvación, otros sostienen que algunas porciones se refieren a experiencias posteriores. De todos modos, el capítulo describe luchas extraordinarias que experimentó el apóstol Pablo.

El capítulo 8 se enfoca sobre todo en la vida después de la salvación. Ambos capítulos reflejan experiencias que afectan a todos los creyentes. Antes de la salvación, la persona fracasa constantemente en su intento de obedecer a Dios. Después de ella, si un cristiano no vive en sumisión al Espíritu (sino que vive de acuerdo con la carne), entonces también fracasará en sus esfuerzos por someterse a Dios. Aunque ninguno de nosotros logrará la plena semejanza a Cristo en esta vida, vivir según la carne como un hábito cotidiano indica que en realidad la persona no es un creyente. Los cristianos vencen sobre el pecado y la carne en la medida en que viven en una relación de obediencia al Espíritu.

También lo podemos describir de la siguiente manera. Cuando los creyentes nacen de nuevo reciben una nueva naturaleza; son nuevas criaturas en Cristo (ver 2 Cor. 5:17). La energía que mueve esta nueva naturaleza es el poder del Espíritu Santo. La vieja naturaleza, «la carne», con su tendencia a pecar, aún lucha por tener el control. Romanos 8:1-17 llama a los creyentes a vivir «conforme al Espíritu» y no «conforme a la carne» (Rom. 8:4). «Ninguna condenación» es el resultado de «ser justificado por fe» y, por tanto, de haber recibido «paz para con Dios por medio de nuestro Señor Jesucristo» (Rom. 5:1). Ahora destaca que la salvación ya es nuestra si estamos en Cristo Jesús, una frase que resume de un modo excelente la relación de los cristianos con el Señor.

Versículo 2. Pablo declaró sobre sí mismo y sobre todos los que están «en Cristo Jesús», que «la ley del Espíritu [...] me ha librado de la ley del pecado y de la muerte» (Rom. 8:2). Antes, Pablo había afirmado que la ley (el conjunto de leyes del Antiguo Testamento que Dios había dado a los israelitas) era buena, pero conducía al pecado y la muerte, ya que las personas eran incapaces de obedecerla (Rom. 7:7-12). Las expresiones «ley del pecado» y «de la muerte» resumen esta idea. Los que están en Cristo Jesús ya no están incapacitados como antes para obedecer a Dios, porque la ley del Espíritu de vida obra en ellos. Eso no significa que estas personas no lucharán contra el pecado; sino que el Espíritu Santo está allí para darles victoria en esa lucha.

Versículos 3-4. El problema nunca fue con la ley, sino con la carne, nuestra naturaleza pecaminosa. La ley podía señalarnos la dirección correcta, pero no tenía el poder de capacitarnos para avanzar constantemente en esa dirección. ¿Por qué? Porque era débil por la carne. A través de Cristo, Dios proveyó un poder que no tiene esta limitación. Observa los tres puntos que explican cómo Dios hizo esto. En primer lugar, Dios envió a Su Hijo en semejanza de carne de pecado. Esta traducción literal puede significar que Dios envió a Su Hijo en carne como la nuestra al territorio del pecado. Sin embargo, Jesús obedeció la ley de Dios a la perfección y nunca pecó (1 Ped. 2:21-22). Segundo, Dios envió a Su Hijo a causa del pecado; como una ofrenda que expiaría nuestras culpas. Tercero, de esta manera Dios condenó al pecado en la humanidad desobediente. El pecado merece la pena de muerte y Jesús la pagó. Esto mostró la condena de Dios sobre la transgresión y al mismo tiempo proveyó un medio de perdón para todos. Él suministró la cura para el pecado al enviar a Jesucristo como una ofrenda por las culpas del ser humano. A través de la vida justa de Jesús, Su muerte expiatoria y Su victoriosa resurrección, Dios condenó y derrotó al pecado en la carne, en su propio terreno. Esto hizo posible el perdón de nuestras faltas, aunque debemos recordar que la salvación en Cristo es más que perdón. Cuando las personas reciben al Señor por fe, obtienen el don del Espíritu Santo. Los cristianos no son perfectos; son rebeldes perdonados que continúan «peleando» contra la maldad cada día de sus vidas. La única manera de experimentar victoria continua en esta lucha es a través del poder del Espíritu Santo.

Estos versículos muestran de forma clara que Dios no nos salva para luego abandonarnos a la voluntad de nuestra naturaleza humana pecadora. Hacer esto habría sido una afirmación de que no importa la manera en que vivamos después de ser salvos. ¡Pero sí importa! Dios nos ha equipado con el Espíritu para que la justicia de la ley se cumpliera en nosotros. Podemos vivir como Dios desea que vivamos. Solo es preciso que andemos no conforme a la carne, sino conforme al Espíritu.

Notas

Quizás te preguntas cómo puedes ser más firme en tu andar en el Espíritu. Aquí hay algunas respuestas bíblicas:

1. Lee la Palabra de Dios y reflexiona en ella en el día y en la noche (Sal. 1:2).
2. Ora continuamente (1 Tes. 5:17).
3. Haz lo que sabes que es correcto, lo que Dios desea que hagas, sin importar el precio (Sal. 15; Ef. 4:30).
4. Confiesa y arrepiéntete urgente de todo pecado conocido (1 Juan 1:9).
5. Asiste a la iglesia y reúnete con otros creyentes cada vez que puedas (Heb. 10:25).
6. Esfuérzate y asegúrate de adorar a Dios «en espíritu y en verdad», tanto en la iglesia como en privado (Juan 4:23).

Pregunta #3

¿Cómo cambia la vida del nuevo creyente cuando el Espíritu Santo viene a morar en él?

La lista no es exhaustiva, pero todas estas acciones se enfocan en una vida en el Espíritu. Quizás piensas: «Sí, todo eso ya lo sé». Pero, ¿por qué no preguntarse lo siguiente?: Aunque ya sé todo esto, ¿cuánto de ello realmente pongo en práctica? Si actuamos en conformidad con la Palabra de Dios y seguimos la dirección del Espíritu Santo, experimentaremos Su presencia y Su poder en nosotros. Repasa la lista del párrafo anterior. Evalúa tu vida cristiana de modo cuidadoso y en oración; presta especial atención a estos indicadores bíblicos. ¿Cuán cerca del Espíritu caminas? ¿Percibes que Dios te guía a una relación más profunda y firme con Él? ¿Cómo responderás?

Versículos 5-6. Pablo hizo una comparación entre las personas que son de la carne y las que son del Espíritu. Los primeros se enfocan o piensan en las cosas de la carne. Ignoran la voluntad y los propósitos de Dios y dan lugar a pensamientos sobre cómo satisfacer la carne. Los valores materialistas, la moral mundana, la satisfacción personal, la despreocupación y el confort ocupan por completo sus pensamientos, sus planes y también su conducta (los versículos 7-8 describen con mayor detalle a quienes viven una vida determinada por la carne). Ocuparse de la carne es muerte. Esta es la verdad que caracteriza a los perdidos. El pensamiento y la vida gobernados por el pecado no solo destruyen lo que posee un verdadero valor en la existencia, sino que también traen como resultado muerte espiritual eterna.

Ocuparse del Espíritu significa pensar y enfocarnos en las cosas del Espíritu. La meta apropiada de los creyentes debe ser concentrarse primero en el reino de Dios y Su justicia en cada situación. Los cristianos anhelan ser las personas que el Creador los llamó a ser en Jesús. Los verdaderos seguidores del Señor desean pasar tiempo con Dios. Esto incluye escucharlo, hablar por medio de Su Palabra y elevar a Él oraciones de alabanza y petición. Estas personas no son solo oidores, sino también hacedores de la Palabra. Si pecan, confiesan rápidamente sus pecados con un espíritu de arrepentimiento y claman por el perdón de Dios en Cristo. ¿Son estos deseos y acciones una realidad en tu vida? ¿Podrían ser aún más característicos en ti? Esta forma de pensar es vida y paz. Conduce a la vida abundante y a la paz interior que Dios desea para todos los seres humanos.

PROVEE UN NUEVO DESTINO (Romanos 8:9-11)

«Mas vosotros no vivís según la carne, sino según el Espíritu, si es que el Espíritu de Dios mora en vosotros. Y si alguno no tiene el Espíritu de Cristo, no es de él. Pero si Cristo está en vosotros, el cuerpo en verdad está muerto a causa del pecado, mas el espíritu vive a causa de la justicia. Y si el Espíritu de aquel que levantó de los muertos a Jesús mora en vosotros, el que levantó de los muertos a Cristo Jesús vivificará también vuestros cuerpos mortales por su Espíritu que mora en vosotros».

Versículo 9. Pablo utiliza una forma enfática para recordar a los creyentes que: «... vosotros no vivís según la carne, sino según el Espíritu...». El Espíritu mora en todos los creyentes y no en los incrédulos. La marca distintiva de los cristianos es que el Consolador habita en sus vidas. Sin embargo, el pecado aún será un problema mientras estemos en el cuerpo. Nuestra bendición en el presente es que el Espíritu Santo nos ayuda a combatir y vencer el pecado que aún vive en nosotros si nos sometemos a Él. Al conocer a Cristo en la conversión, también conocimos al Espíritu Santo. Aunque maduremos en el Señor, tengamos más experiencias fecundas con el Consolador y nuevos estímulos de Su obra, en esta vida no nos moveremos a una región en que solamente el Espíritu domine. Aun así, debemos procurar rendir el control absoluto de nuestra existencia a Él. Después de afirmar que tener el Espíritu Santo es solo para los cristianos y, por ello, una señal que los identifica como tales, Pablo indicó dos resultados principales que produce la morada del Espíritu Santo en los creyentes.

Versículo 10. Es como si Pablo dijera: «Tengo una noticia buena y otra mala». Todas las personas experimentarán la noticia mala, pero solo los que están en Cristo experimentarán la buena. Cuando el apóstol afirmó que el cuerpo en verdad está muerto, se refería a la mala noticia de que el cuerpo es mortal, está sujeto a muerte y su destino es la tumba. La muerte entró en el mundo a causa del pecado (Gén. 3:3). La buena noticia es que el espíritu vive a causa de la justicia. Algunos estudiosos de la Biblia creen que Pablo afirmaba que, aunque los cuerpos de los creyentes llevan la muerte en ellos por causa del pecado, sus espíritus están vivos en Cristo y que la justicia caracteriza sus vidas. El Espíritu ciertamente trae vida espiritual a través del nuevo nacimiento (Juan 3:5-8). Esto constituye una afirmación de que hay vida eterna, de que hay una esperanza más allá de la tumba.

Pregunta #4

¿En qué forma la presencia del Espíritu Santo en la vida del creyente cambia por completo su presente y su futuro?

Versículo 11. La muerte física no es el final de la historia para los cristianos. Una de las razones por que Pablo habló tanto de la resurrección de Cristo es porque esta sirve para confirmar a todos los creyentes que ellos también resucitarán. La salvación no estará completa hasta que nuestros cuerpos sean redimidos en la resurrección. ¿Qué seguridad tenemos de nuestra resurrección futura? Nuestra seguridad es el Espíritu de vida que habita dentro de nosotros, quien también es el Espíritu de la resurrección. El mismo Espíritu que resucitó a Jesús también nos resucitará a nosotros. El mismo Espíritu que da vida a nuestro espíritu también dará vida a nuestros cuerpos.

En Cristo experimentamos un nuevo nacimiento, recibimos una nueva naturaleza y tenemos un nuevo destino: el cielo. Esto no es simplemente algo que precisamos saber; es algo que con desesperación necesitamos experimentar. No hay nada más importante que vivir el nuevo nacimiento. Dios quiere que todos sean salvos. A medida que Su Espíritu obra por Su Palabra (y en específico por medio de los pasajes bíblicos de este estudio) agradece a Dios por la salvación que te ha dado. Si no estás seguro de haber recibido en verdad a Cristo, arrepiéntete de tus pecados y pide al Señor que te salve. El Espíritu Santo, quien te convence de tu necesidad de salvación, entrará y pondrá esa seguridad en tu corazón. Depende siempre de Su dirección, de Su poder y busca llevar a cabo los maravillosos propósitos de Dios para ti.

Pregunta #5

Reflexiona y comparte tus opiniones: ¿Cómo sería la vida del cristiano sin la ayuda y la guía oportuna del Consolador?

Muchos adultos aún recuerdan cuando la expresión «nacer de nuevo» llamó la atención del mundo secular en la década de 1970. Por ejemplo, la autobiografía de Charles Colson, en la cual relata su conversión a Cristo, se titula: «Nacido de nuevo». Tú puedes estar o no acostumbrado a usar esta expresión para describir tu experiencia de conversión a Cristo. El término es realmente importante y comunica de forma vívida la verdad espiritual, pero quizás por diversas razones prefieras utilizar otras expresiones bíblicas para referirte a tu experiencia de salvación. Planea consultar a los miembros de tu clase por teléfono o correo electrónico antes de encontrarte para el estudio bíblico. El objetivo es obtener sus respuestas a las siguientes preguntas (usa los espacios entre preguntas para escribir las respuestas obtenidas):

1. ¿Cuándo oíste por primera vez la expresión «nacer de nuevo»?

2. Explica en tus palabras qué significa para ti la expresión «nacer de nuevo».

3. ¿Consideras que la expresión «nacer de nuevo» es la mejor descripción de tu experiencia de salvación? Si no es así, ¿qué término sería más apropiado y por qué?

Dedica un tiempo el domingo para presentar las respuestas obtenidas. Ten cuidado de no nombrar al autor de la respuesta sin su debido permiso. Asegúrate de que los participantes de la clase entiendan que no criticas el uso de la expresión «nacer de nuevo», sino que simplemente analizas con los miembros de la clase las connotaciones del enunciado y su significado bíblico.

APLICA LA SESIÓN A TU VIDA

1. **La única manera de entrar en el reino de Dios es «nacer de nuevo». Busca las señales del nuevo nacimiento en tu vida, desarróllalas y protégelas, porque son la base de tu salvación.**

2. **Quienes nacen del Espíritu Santo reciben perdón de pecados y una nueva naturaleza. Fortalece el vínculo con el Consolador y de este modo aléjate de la desobediencia y el pecado.**

3. **Los cristianos pueden confiar en que tienen vida espiritual en Cristo para siempre y que finalmente recibirán cuerpos resucitados preparados para la eternidad. Agradece a Dios por este regalo y prepárate cada día para ese momento glorioso en que te reunirás para siempre con el Señor.**

Peticiones de oración del grupo

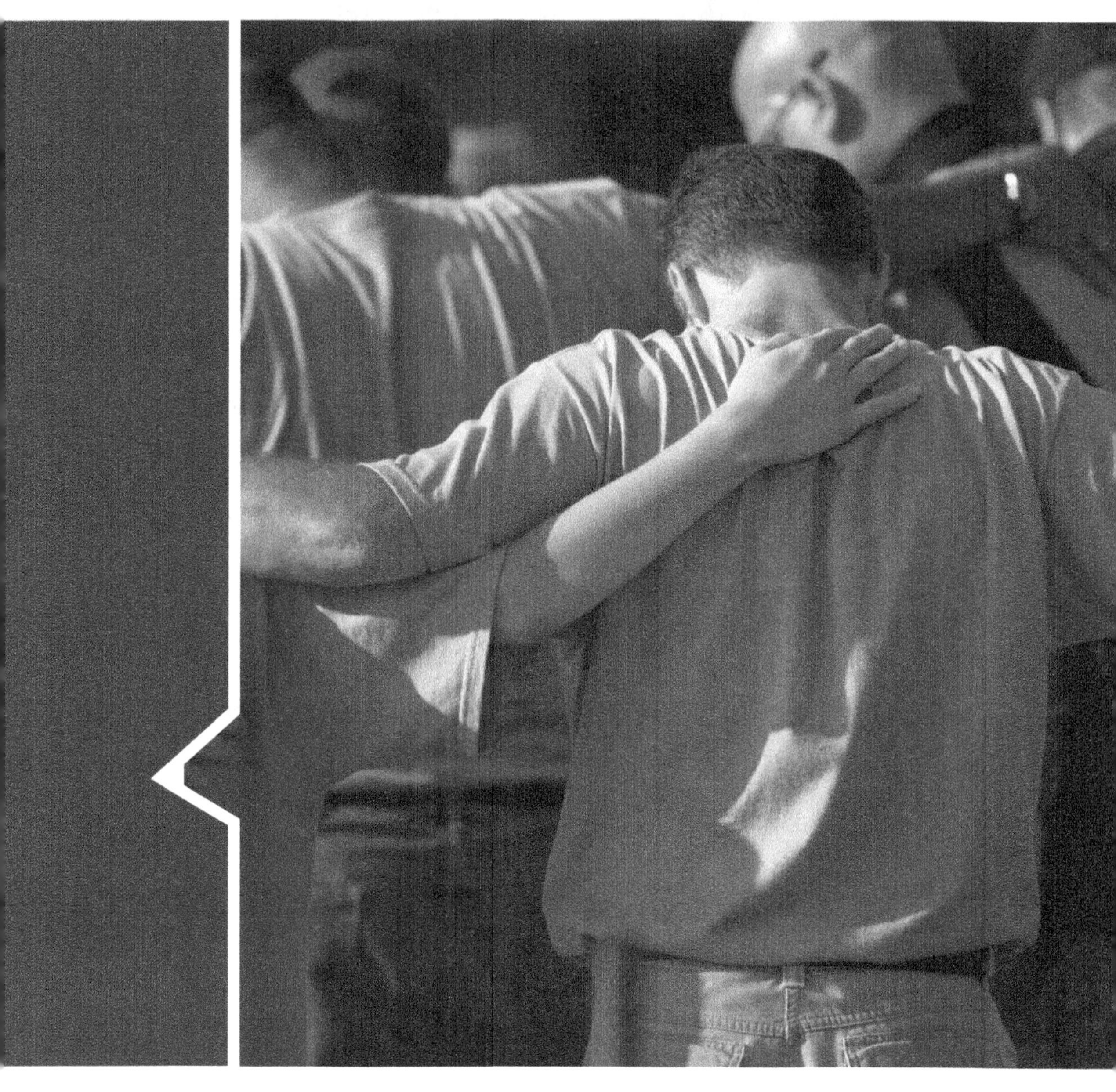

PREGUNTA # 1

¿Para qué me capacita el Espíritu Santo?

SESIÓN 3

EL ESPÍRITU SANTO DA PODER A LOS CREYENTES

LA BIBLIA SE ENCUENTRA CON LA VIDA

Vivimos en una época fascinada por los superhéroes, por sus poderes asombrosos y por la manera tan espectacular en que logran la victoria sobre el mal y salvan el mundo. No es un secreto que las películas de Marvel están entre las más taquilleras y que han recaudado millones de dólares. De dónde nace este éxito, sino del ansia del alma humana por lo sobrenatural y lo asombroso. Lo cierto es que tenemos a nuestra disposición, no a un ficticio superhéroe que es fruto de la imaginación humana, sino al verdadero y único ser que posee todos los poderes que podamos imaginar, y mucho más. Es posible disfrutar una existencia rodeada de milagros, de hechos asombrosos y poder sobre las circunstancias y los elementos si tan solo nos enfrascamos sinceramente en una relación de obediencia total y honra absoluta al Dios del universo, al Consolador que mora en nosotros. No hay poder que el ser humano haya imaginado que supere lo que el Espíritu Santo puede obrar en nuestro favor y por medio nuestro cuando nos entregamos por completo a Él. Es entonces cuando la Escritura se hace carne en la vida cotidiana y se manifiesta en todo su esplendor y poder.

VERDAD BÍBLICA

Cuando Cristo regrese reclamará Su pueblo, conquistará el mundo y derrotará al anticristo.

PASAJE BÍBLICO

Romanos 8:12-39

BOSQUEJO DE LA LECCIÓN

Vivir como hijos de Dios (Rom. 8:12-16)

Cumplir el propósito de Dios (Rom. 8:26-30)

Afirmar el amor de Dios (Rom. 8:35-39)

LA BIBLIA DICE:

VIVIR COMO HIJOS DE DIOS (Romanos 8:12-16)

«Así que, hermanos, deudores somos, no a la carne, para que vivamos conforme a la carne; porque si vivís conforme a la carne, moriréis; mas si por el Espíritu hacéis morir las obras de la carne, viviréis. Porque todos los que son guiados por el Espíritu de Dios, éstos son hijos de Dios. Pues no habéis recibido el espíritu de esclavitud para estar otra vez en temor, sino que habéis recibido el espíritu de adopción, por el cual clamamos: ¡Abba, Padre! El Espíritu mismo da testimonio a nuestro espíritu, de que somos hijos de Dios».

¿Quién tiene el control en realidad?

Como vimos en Romanos 8:1-11, en el estudio de la lección anterior, no hay condenación para los que están en Cristo. Estos han recibido una nueva naturaleza cuya fuente de poder y energía es el Espíritu Santo que mora en ellos. Los creyentes aún conservan su vieja naturaleza pecaminosa, pero pueden hacer constantemente la voluntad de Dios al vivir de acuerdo con el Espíritu: sometiéndose a Su liderazgo y descansando en Su fuerza.

Versículo 12. Ser beneficiarios de la maravillosa salvación que Dios nos ha dado en Cristo es un gran privilegio. Los grandes privilegios traen consigo grandes responsabilidades. Los creyentes tenemos vida espiritual y la seguridad de la resurrección física por el Espíritu de Dios que mora en nosotros. Esto nos coloca en la obligación de vivir conforme al liderazgo del Consolador. Ciertamente, deudores somos, no a la carne, para que vivamos conforme a la carne, que es nuestra naturaleza pecaminosa. Nuestra obligación es rendirnos al Espíritu de Dios.

Aunque estamos libres del castigo final por nuestros pecados, la batalla contra las transgresiones de la carne continúa. La vieja naturaleza no se somete por completo al Espíritu de Dios sin luchar. Para comprender la duración de esta lucha debemos reflexionar en las enseñanzas de Pablo con respecto a la salvación, algo que ha sido descrito como «los tres tiempos de la salvación». Una ilustración quizás ayude. Imagina una persona que, al ser rescatada de un barco que se hunde, es recogida por un bote salvavidas (salvación pasada).

El bote salvavidas transporta al creyente por peligrosos y turbulentos mares (salvación presente). A la distancia, en las tierras firmes de las playas del cielo se encuentra el lugar final seguro donde amarrar (salvación futura). Solo cuando entremos en la presencia de Dios, al final de este viaje terrenal, podremos celebrar que nuestras luchas con las inclinaciones pecaminosas de nuestra vieja naturaleza han terminado. Esto no significa que estemos desamparados en el presente. Aunque la batalla contra el pecado es sin tregua, tenemos el Espíritu Santo que mora dentro de nosotros para enfrentar y derrotar al diablo y el mal.

PALABRA CLAVE

Intercede. La palabra griega traducida como «intercede» significa «que presta ayuda junto con, al mismo tiempo que uno, que ayuda, que viene en ayuda de alguien». El término indica que el Espíritu de Dios pide por nosotros cuando somos débiles o cuando las tentaciones y las pruebas nos resultan demasiado grandes. En tales momentos, quizás no podamos elevar una oración apropiada; sin embargo, podemos estar seguros de que el Espíritu mismo intercede a nuestro favor. En Romanos 8:34 Pablo utilizó la palabra intercede para describir la acción de Cristo de orar continuamente por nosotros a la diestra de Dios.

Versículo 13. Los verbos en este versículo denotan acción continua. Los que viven de modo habitual conforme a los dictados y demandas de la carne, la naturaleza pecaminosa, morirán. Este estilo de vida es característico de los incrédulos, no de los creyentes. «Mas si por el Espíritu hacéis morir las obras de la carne, viviréis». La expresión griega «hacéis morir» indica actuar de manera constante, en forma inflexible. El Espíritu se halla continuamente listo para ayudarnos en nuestra batalla contra la carne. Para librar de modo apropiado esta guerra no debemos dar por sentado nada, solo que tenemos una gran necesidad del poder del Espíritu Santo. Cuando caemos es porque tratamos de vencer las obras de la carne con nuestras propias fuerzas. La victoria viene solo por el Espíritu.

Versículo 14. Si somos guiados por el Espíritu de Dios, somos hijos de Dios. Podemos conocer a quién pertenecemos al conocer a quién seguimos. Algunos desean hallar la seguridad de su salvación en los sentimientos o las emociones, pero estas con frecuencia nos engañan. Pueden ser influenciadas por factores físicos y psicológicos, tales como la fatiga o un día nublado y sombrío. Por tanto, los sentimientos no son indicadores confiables de que pertenecemos o no a Dios. Seguir el liderazgo del Espíritu sin importar cómo nos sintamos demuestra que somos hijos de Dios.

> **Reflexiona sobre esto: una persona casada no siempre se «siente» casada. Sin embargo, un hombre sabe que está casado porque en un acto voluntario, estuvo frente al altar del matrimonio e hizo un compromiso con su esposa. Del mismo modo, la esposa de este hombre sabe que está casada porque recuerda haber hecho un voto matrimonial con su marido. Esto también se aplica a nuestra relación con Dios. Quizás Ana no «sienta» todo el tiempo que es cristiana, pero sabe que tiene una relación con Cristo si ha entregado su voluntad a Él. Tomás puede estar seguro de su salvación por la misma razón. Es que Dios siempre es fiel en cumplir lo que afirma (Juan 1:12 es apenas una de las muchas promesas de Dios relacionadas con la salvación). De modo que la confiabilidad de Dios, y no nuestros sentimientos, es lo que nos otorga verdadera seguridad.**

Algunos creyentes siguen la dirección del Espíritu Santo más fielmente que otros. Al andar a su manera, ciertos cristianos entristecen al Espíritu más que los que se entregan a Su guía sabia. Unos caen con mayor frecuencia que otros en las conductas de la carne. Sin embargo, todos los creyentes son hijos de Dios y serán para siempre parte de Su familia. Para recibir todo el beneficio de ser hijos de Dios debemos permitir que Su Espíritu tenga completo dominio de nuestra existencia.

Pregunta #2

¿Qué papel juega el Espíritu Santo en la vida cotidiana, las victorias, la fortaleza y la obediencia del cristiano verdadero?

Versículo 15. Cuando nos encontramos con Jesús, no recibimos el espíritu de esclavitud para estar otra vez en temor. Así vivíamos cuando estábamos bajo la ley del pecado y de la muerte, fracasábamos en cumplir la ley y permanecíamos, por tanto, bajo condenación. En lugar de esto, al volvernos a Jesucristo en arrepentimiento y fe, recibimos el espíritu de adopción, el Espíritu Santo, el cual nos guía y nos llena de poder para hacer la voluntad de Dios. En el proceso de adopción romano quedaban sin efecto todas las relaciones anteriores. La persona adoptada tenía un nuevo padre, familia y herencia.

Notas

En el momento en que escribo esto, mi esposa y yo estamos en el proceso de adoptar una niña: Hailey Elizabeth. Antes de conocer a Hailey o haber dado algún paso legal para traerla a nuestra familia, Dios puso amor por ella en nuestros corazones. Lo que mueve a Dios para adoptarnos como hijos es Su amor por nosotros. Entrar en Su familia cambia nuestro vínculo con Él y nuestra actitud hacia Él. Entonces tenemos una relación cálida, tierna y amorosa con el Creador. No debemos sentir temor del Padre como un esclavo teme a un amo exigente que no se preocupa por su existencia. Clamamos a nuestro Abba para expresarle arrepentimiento, alabanza, desesperación, acción de gracias, necesidad o gozo. Abba es un término arameo que significa padre, pero en una expresión más íntima: «papito». Estas palabras dan la idea de un niño que dice con mucha emoción: «¡Papá! ¡Papá!». El espíritu de adopción, que fue el instrumento para llevarnos a la fe en Cristo, nos capacita para relacionarnos con Dios como Padre. Cuando clamamos al Padre, estamos seguros de que Él nos oye con un amor y compasión que exceden en gran manera la capacidad de todo padre terrenal de escuchar a sus propios hijos. Y como bien lo sabe cada padre amoroso, esto es mucho decir.

Versículo 16. El Espíritu mismo da testimonio a nuestro espíritu, de que somos hijos de Dios. Él nos convenció de que somos pecadores y necesitamos a Cristo. Él nos llevó a la fe en Jesús; somos nacidos del Espíritu (ver Juan 3:5-8). Él nos da poder para clamar: ¡Abba, Padre! Cuán natural es, entonces, que el Espíritu Santo sostenga nuestra convicción interna de que somos hijos de Dios. De este modo nos asegura nuestra eterna relación con el Señor. Cuanto más profundamente nos sometemos a Su liderazgo, más fuerte es la seguridad.

> **Como hemos dicho, el término arameo utilizado en los versículos 15-16 «Abba» puede traducirse «papito». Existen un gran número de razones por que los hijos llaman a sus papás: para recibir consuelo, afecto, atención, ayuda, etc. En una hoja de papel, escribe una oración en la cual llames a tu Padre celestial «Papito». Ten la plena certeza de que esta no es una forma irreverente de dirigirte a Dios, sino una manera íntima.**
>
> **¿Cuáles son los beneficios de poder llamar a tu Padre celestial de esta forma?**

> **Vuelve a leer tu oración completa; luego cierra tus ojos e imagina la respuesta de Dios al oír hoy tu clamor (el clamor de uno de Sus hijos). Alégrate y valora este momento; corresponde a Su amor por ti; adóralo por elegirte como Su hijo o hija.**

CUMPLIR EL PROPÓSITO DE DIOS (Romanos 8:26-30)

«Y de igual manera el Espíritu nos ayuda en nuestra debilidad; pues qué hemos de pedir como conviene, no lo sabemos, pero el Espíritu mismo intercede por nosotros con gemidos indecibles. Mas el que escudriña los corazones sabe cuál es la intención del Espíritu, porque conforme a la voluntad de Dios intercede por los santos. Y sabemos que a los que aman a Dios, todas las cosas les ayudan a bien, esto es, a los que conforme a su propósito son llamados. Porque a los que antes conoció, también los predestinó para que fuesen hechos conformes a la imagen de su Hijo, para que él sea el primogénito entre muchos hermanos. Y a los que predestinó, a éstos también llamó; y a los que llamó, a éstos también justificó; y a los que justificó, a éstos también glorificó».

En los versículos 18-25, Pablo comenta sobre las «aflicciones del tiempo presente» (Rom. 8:18). En Romanos 8:23-25 alentó a los creyentes a soportar sus sufrimientos por causa de la esperanza que tenían en la redención final. En Romanos 8:26-30, Pablo dio dos razones adicionales para resistir en tiempos difíciles: la infalible ayuda del Espíritu en la oración (vv. 26-27) y el infalible propósito de Dios para los creyentes (vv. 28-30).

Versículo 26. La expresión «de igual manera» es la introducción de una forma adicional en que Dios nos alienta a vivir «por» o «conforme» al Espíritu (Rom. 8:5), aun ante el sufrimiento. Tarde o temprano, tiempos difíciles y aflicciones invadirán nuestras vidas. Con frecuencia no sabemos la razón de algunas de estas circunstancias, ni cómo Dios desea que respondamos. En ocasiones no sabemos qué pedir como conviene. Esta es, por supuesto, una debilidad humana, pero el Espíritu nos ayuda. El verbo traducido como «ayuda» significa literalmente «sujeta junto con (nosotros)». Esto no implica que el Espíritu toma el control y se hace cargo de todo, sino que es alguien que nos ayuda a llevar nuestra carga.

En un sentido amplio, es común que sepamos por qué debemos orar: para que se haga la voluntad de Dios y por el cumplimiento de Sus propósitos. Sin embargo, al enfrentar determinadas crisis, con frecuencia no sabemos por qué motivos orar específicamente. Por ejemplo, cuando te encuentras junto a la cama de un amigo que sufre una enfermedad que, según los doctores, es terminal, ¿por qué deberías orar? En 1 Juan 5:14-15 leemos que Dios concede las peticiones que concuerdan con Su voluntad. La mayoría de nosotros ha hecho oraciones que Dios no ha respondido como esperábamos o deseábamos. También hemos elevado oraciones y luego agradecimos a Dios por no darnos lo que pedimos.

¿Qué podemos hacer cuando nos sentimos desorientados por completo y no sabemos cómo orar frente a una situación? Puedes afirmar que Dios desea manifestarse y cumplir Sus propósitos conforme a Su amor y sabiduría. También puedes ir a Él y confiar en que el Espíritu mismo intercede por ti (ver Palabra clave). La intercesión del Espíritu es tan apasionada que Pablo la describió como gemidos indecibles. Esto no significa que los gemidos estén fuera del creyente, ya que el Consolador mora en nosotros. Sus gemidos se mezclan con los nuestros.

Versículo 27. Dios conoce nuestros corazones y sabe cuál es la intención del Espíritu. En esas situaciones, la intercesión del Espíritu Santo por nosotros siempre es conforme a la voluntad de Dios. Por tanto, aun cuando no sabemos por qué orar o sentimos que no podemos hacerlo, precisamos entregar nuestro corazón al Creador. Mientras lo hacemos y descansamos en la ayuda del Consolador, el Padre escuchará la oración apropiada a través de la intercesión del Espíritu Santo. Él es nuestro mejor compañero de oración.

Pregunta #3

Reflexiona y comparte: ¿Qué valor le concedes a la compañía, la ayuda, la intercesión y la continua y amorosa obra del Espíritu Santo en tu vida en medio de un mundo que no lo obedece, ni lo sirve?

Notas

Versículo 28. Pablo ofreció otra razón para que soportemos las pruebas y las tribulaciones de esta vida con fe y paciencia. A los que aman a Dios, todas las cosas les ayudan a bien. Este versículo se malinterpreta con frecuencia. No afirma que todas las cosas son buenas, ya que ciertamente no todo lo que sucede es bueno. Además, esta no es una promesa contra todo riesgo para todos, no constituye una garantía de que «todo lo que pase será para bien». Esta promesa es para las personas que aman a Dios, lo que, en este contexto, se refiere a quienes pertenecen a la familia de la fe. El Creador promete que todo lo que suceda a Sus hijos resultará para bien de ellos.

Debemos ser conscientes de que esta promesa no significa que Dios provoca directamente todo lo que acontece, porque eso supondría también que Él causa el mal. Sabemos que el Creador no puede causar el mal, porque eso sería contrario a Su naturaleza, y Él no puede hacer nada contrario a Su naturaleza o carácter. No era la voluntad de Dios que los hermanos de José lo vendieran como esclavo; la acción de ellos fue malvada. Sin embargo, Dios obró a través de este acto malvado para llevar a cabo Sus buenos propósitos y también traer el bien a la vida de José (Gén. 50:20). Asimismo, el Padre no hizo que Judas traicionara a Jesús; Satanás lo provocó (Luc. 22:3-4). Dios tomó el peor ataque de Satanás contra Su plan redentor ¡y lo utilizó para implementar el plan! Suceden cosas terribles y los creyentes son afectados por acontecimientos horrendos, pero Dios promete usar todas las cosas para bien en las vidas de Sus hijos.

El bien proviene del obrar de Dios en nuestras vidas. Él es el único que puede trasformar la tragedia en triunfo. Los que aman al Señor son los llamados a salvación conforme a Su propósito. Ese propósito se establece en el versículo 29 y define el bien mencionado en el versículo 28, en concreto: que seamos hechos conformes a la imagen de Su Hijo. El buen propósito de Dios es usar todo lo que llega a nuestras vidas para hacernos más como el Señor Jesús.

Cuando las dificultades llegan, es natural que preguntemos a Dios por qué experimentamos pruebas. Aunque Él es lo suficientemente grande como para oír nuestras preguntas y preocupaciones, es seguro que habrá muchos «porqués» que no tendrán respuesta en esta vida. Dios nos ama, pero no está obligado a explicar la razón por que sucedió algo (y es común que no lo haga). Si constantemente pedimos explicaciones, un día nos golpearemos contra una pared. Debemos llegar a aceptar por fe que Dios desea usar todas las cosas (las buenas y las malas) para hacernos más como Su Hijo. Esa aceptación puede llevarnos al punto en que cesamos de preguntar por qué y comenzamos a preguntar a Dios con fe cómo quiere usar aun las circunstancias difíciles para llevar a cabo Su propósito en nuestra vida.

> **Reflexiona sobre algún tiempo difícil en tu vida en que más tarde notaste que Dios lo utilizó para tu bien. Intenta enumerar al menos tres de esas experiencias a continuación.**

Describe brevemente en qué consistió la dificultad y cuál fue el buen resultado.

	Dificultad	Descripción	Resultado
1			
2			
3			

> **Detente para orar y agradecer a Dios por hacer que todas las cosas obren para tu bien, para hacerte más como Jesucristo, Su Hijo.**

Versículos 29-30. Pablo describió con cinco verbos cómo Dios llevó a cabo Su propósito salvador: conoció, predestinó, llamó, justificó y glorificó. El Padre, quien conoció el final desde el principio y también todo lo que acontecería en medio, predestinó (determinó de antemano) salvar a las personas; las llamó por la obra del Espíritu Santo; las justificó por la fe y las glorificó. Ser glorificado es la etapa final en el proceso de la salvación, cuando los creyentes recibirán sus cuerpos transformados en la segunda venida de Cristo.

Por supuesto, Pablo también enseñó que los seres humanos somos responsables de responder con arrepentimiento y fe a la provisión de salvación en Cristo que hizo Dios. Sin embargo, en estos versículos Pablo destacó la salvación como un acto divino. El Creador es quien ha provisto salvación para la humanidad pecadora. Él continúa redimiendo a los perdidos. Él está detrás de todo aquello que obra para bien de quienes lo aman.

Pregunta #4

Reflexiona y comparte ¿El sufrimiento es evidencia de que Dios nos ha abandonado? ¿Por qué? ¿En qué formas el Espíritu Santo continúa Su obra en el cristiano que sufre?

Este pasaje es parte del mensaje de aliento de Pablo a los creyentes que sufren (Rom 8:18). Experimentar sufrimiento no significa que Dios nos ha abandonado. El apóstol parece gritar estas palabras: «¡Miren lo que Dios hizo y está haciendo por los creyentes y en ellos!». Dios está cumpliendo Su propósito, Él utiliza todo lo que sucede para llevar a cada cristiano a ser conforme a la imagen de Su Hijo. Desea que todos puedan ver a Jesús en la conducta y la conversación de los creyentes y, en especial, en sus acciones de amor hacia los otros. Esto, además, es parte del plan de Dios para llevar a los perdidos a la fe en Cristo.

> **Completa los espacios en blanco en los versículos 35 y 38-39, que se transcriben a continuación.**

Versículo 35: «¿Quién nos separará del amor de Cristo?

¿________________, o ________________, o ________________,

o ________________, o ________________, o

________________, o ________________?».

> **Reflexiona sobre el significado de las palabras bíblicas e indica algunos ejemplos específicos o circunstancias a las que estas podrían referirse.**

Versículos 38-39: «Por lo cual estoy seguro de que ni la

___________________, ni ___________________, ni

___________________, ni ___________________, ni

___________________, ni ___________________, ni

___________________, ni ___________________, ni

____________, ni ninguna otra ______________ nos podrá separar del amor de Dios, que es en Cristo Jesús Señor nuestro».

APLICA LA SESIÓN A TU VIDA

1. **El Espíritu Santo es nuestro compañero de oración, en especial cuando no sabemos por qué cosas específicas orar.**
2. **Cumplir Su propósito de ayudarnos a ser conforme a la imagen de Su hijo requiere nuestra disposición a obedecerlo, confiar en Su guía oportuna y estar dispuestos a vivir una vida extraordinaria.**
3. **Debemos aprovechar las dos verdades anteriores para convertirnos en los mejores amigos del Espíritu Santo, para crecer y sentirnos plenos, protegidos y fuertes por medio de Su poder que actúa en nosotros.**

Peticiones de oración del grupo

PREGUNTA # 1

¿De qué manera me ayuda el Espíritu a vivir como un cristiano maduro?

SESIÓN 4

EL ESPÍRITU SANTO PROVEE SABIDURÍA

LA BIBLIA SE ENCUENTRA CON LA VIDA

La vida, las circunstancias que enfrentamos y las ideologías que se levantan con apariencia de razón, bondad y misericordia han proliferado tanto el engaño y las falacias que se ha tornado extremadamente complicado tomar decisiones sabias y vivir la existencia cotidiana a través de la perfecta obediencia. Uno de los dones que el Espíritu Santo otorga al creyente es el discernimiento, que siempre va acompañado de sabiduría. Además de esto, la Palabra de Dios nos enseña que, si tenemos falta de sabiduría, se la pidamos al Señor; Él la da a todos los que le piden, y lo hace de manera abundante. Hoy más que nunca necesitamos el ministerio oportuno y poderoso, aunque silencioso, del Espíritu Santo para conducirnos como una Iglesia digna, como hijos dignos, obedientes, sabios, capaces de superar los desafíos del tiempo que nos tocó vivir. Todo esto con la valiosa ayuda de la sabiduría, que es buena para todo y nos mantiene en el camino de la verdad de Dios.

VERDAD BÍBLICA

El Espíritu Santo ayuda a los creyentes a vivir como cristianos maduros al proveerles sabiduría.

PASAJE BÍBLICO

1 Corintios 2:1-16

BOSQUEJO DE LA LECCIÓN

Anunciar las buenas nuevas (1 Cor. 2:1-5)

Comprender la sabiduría de Dios (1 Cor. 2:6-10)

Ejercer discernimiento santo (1 Cor. 2:11-16)

ANUNCIAR LAS BUENAS NUEVAS (1 Corintios 2:1-5)

«Así que, hermanos, cuando fui a vosotros para anunciaros el testimonio de Dios, no fui con excelencia de palabras o de sabiduría. Pues me propuse no saber entre vosotros cosa alguna sino a Jesucristo, y a éste crucificado. Y estuve entre vosotros con debilidad, y mucho temor y temblor; y ni mi palabra ni mi predicación fue con palabras persuasivas de humana sabiduría, sino con demostración del Espíritu y de poder, para que vuestra fe no esté fundada en la sabiduría de los hombres, sino en el poder de Dios».

La iglesia de Corinto surgió como resultado del ministerio de Pablo, quien mantuvo estrechos vínculos con sus miembros y escribió 1 Corintios en respuesta a noticias y preguntas que le trajeron algunos de ellos.

El apóstol supo que, lamentablemente, la iglesia estaba dividida. La discordia giraba en torno a la lealtad de las personas a ciertos líderes: Pablo, Apolos, Cefas (Pedro) y también Cristo, lo cual parece extraño porque el Señor es quien más desea la unidad entre los creyentes (Juan 17:20-23; 1 Cor. 1:12). En 1 Corintios 1 Pablo reconoció que había un problema de desunión y en su enseñanza trasladó el punto de interés a lo más importante, el evangelio. En 1 Corintios 2:1-5 recordó a los creyentes corintios que cuando fue a ellos por primera vez no trató de impresionarlos con sus dotes de predicación, sino que Jesucristo crucificado, Su poder y Su Espíritu fueron el centro. El apóstol no se había apoyado en la persuasión para cambiar los corazones y las vidas de las personas, sino en el Espíritu Santo.

Versículo 1. Pablo había ido a Corinto para anunciarles el testimonio de Dios, que era Su propia revelación en la vida, el ministerio, la muerte, la resurrección y la ascensión de Jesucristo. El propósito de Pablo (y su privilegio) fue proclamar este mensaje.

Debido a que los creyentes en Corinto ahora glorificaban a diferentes líderes en lugar de ensalzar a Dios, Pablo enfatizó que él no les había predicado de un modo que atrajera la atención hacia sí mismo. No usó excelencia de

palabras (palabras grandilocuentes) ni sabiduría (es decir, «sabiduría del mundo» en contraste con la sabiduría de Dios). Todo el tiempo que él estuvo en Corinto se cuidó de la tentación de atraer a la gente a sí mismo a través de su elocuencia, ardides u ocurrencias propias. Se mantuvo centrado en la verdad del evangelio.

Versículo 2. La expresión «me propuse» muestra que el tema de la predicación de Pablo había sido intencional. Él había predicado a Jesucristo, y a este crucificado (ver 1 Cor. 1:23). Mientras estuvo con los corintios, el apóstol se propuso no saber cosa alguna excepto este poderoso mensaje. No afirmaba con eso que abandonaría todo otro conocimiento, sino que no modificaría su determinación. Había tomado la firme decisión de mantener su mensaje centrado en Cristo y Su muerte redentora en la cruz. No lo distraería el deseo egoísta de impresionar a las personas, ni de lograr muchos seguidores.

Versículo 3. Mientras que los versículos 1-2 describen la naturaleza del mensaje de Pablo, los versículos 3-4 se centran en él como persona. Escribió de sí mismo: «... estuve entre vosotros con debilidad, y mucho temor y temblor» (v. 3). Es evidente que estas palabras describen lo que Pablo sintió al predicar el evangelio, es decir, sus sentimientos de total insuficiencia (ver 2 Cor. 2:15-17; 4:5-7). Si solo hubiera dicho que estuvo con debilidad, podríamos concluir que se refería a un problema físico (2 Cor. 12:7; Gál. 4:13-14) o al resultado de otros sufrimientos (1 Cor. 4:9-13; 2 Cor. 11:23-33). El uso de las palabras temor y temblor parece describir sus emociones. Él recordó a los creyentes de Corinto que su presencia entre ellos no se caracterizó por una gran confianza ni una fortaleza que se imponía.

Pregunta #2

¿Cuál es el aporte del Espíritu Santo en la predicación de Pablo y en la de todo creyente que se deje guiar por Su presencia?

Ciertamente estas expresiones no describen al líder valiente a quien algunos en Corinto consideraban su favorito (1 Cor. 1:12). ¿Cómo se explica esto? Es creíble que Pablo no haya hablado a los corintios de su temor sino hasta el momento de escribirles estos versículos. Quizás se mostró confiado por fuera mientras temblaba por dentro. De todos modos, no trató de impresionarlos con su capacidad de persuasión.

> **Lee una vez más el párrafo que comienza con las palabras «Versículo 3». Lee también los versículos bíblicos citados en ese párrafo. ¿En qué momento te has sentido lleno de debilidad, temor y temblor en tu vida cristiana? Si es posible, recuerda un momento específico. ¿Revelaste ese conflicto interior a otros creyentes? ¿Centraste tu atención donde debías, a pesar de tu temor (o quizás a causa de él)? Reflexiona sobre tus respuestas.**

> **¿Has luchado alguna vez contra un sentimiento de querer ser el centro de atención? ¿Cuál fue el resultado de la estrategia que utilizaste para enfrentar ese sentimiento?**

> **¿De qué manera te ayuda la experiencia de Pablo a reevaluar tu vida y servicio cristianos?**

Versículo 4. Es probable que el término «palabra» se refiera al contenido del mensaje de Pablo y el vocablo «predicación» a la manera en que presentó ese mensaje. La predicación del apóstol no solo carecía de «excelencia de palabras» (v. 1) sino que también se caracterizaba por no utilizar palabras persuasivas de humana sabiduría. En la antigua Grecia, los oradores estaban entre los proveedores de entretenimiento más populares. Como diríamos hoy, sabían cómo manejar grandes audiencias. Daban una imagen de confianza e idoneidad. Entretejían las palabras dentro de un esquema lógico persuasivo, matizándolas con humor e historias interesantes. Estos fascinantes oradores estaban más preocupados por su popularidad y reputación que por alguna otra cosa. El apóstol se distanció de tales personas.

Pablo no predicaba para atraer la atención a sí mismo. Contrastó las palabras persuasivas de humana sabiduría con la demostración del Espíritu y de poder. Donde está el Espíritu Santo, hay poder. El apóstol descansaba claramente en el Consolador para que su predicación fuera eficaz. Ningún predicador ni creyente es capaz de cambiar corazones y vidas. Esto sucede solo a través de la obra del Espíritu Santo. Sin embargo, aun así todos somos responsables de presentar a los perdidos «a Jesucristo, y a este crucificado» (v. 2).

Pregunta #3

¿En qué se diferencian la predicación y la vida de los cristianos cuando confían en su propia sabiduría e inteligencia y cuando se entregan por completo a la dirección y la obra del Espíritu Santo?

En innumerables ocasiones sentimos temor de no ser capaces de «ganar» a alguien para Cristo, de no poder explicar el evangelio con la suficiente claridad, de no saber responder correctamente alguna pregunta o de no ser convincentes. Tales temores son correctos, ya que somos incapaces de llevar a cabo la asombrosa tarea de testificar de Cristo. Sin embargo, el miedo no debe paralizarnos, sino motivarnos a descansar en el Espíritu de Dios. Solo Él puede transmitir a una presentación del evangelio ese poder que transforma las vidas.

Versículo 5. Pablo explicó por qué descansaba en el poder del Espíritu Santo y no en palabras manipuladoras: para que la fe de sus oyentes no estuviera fundada en la sabiduría de los hombres, sino en el poder de Dios. La palabra «fe» en este versículo se refiere al acto de creer en Jesucristo y consagrarse a Él. Pablo no deseaba que las personas tuvieran una fe superficial en el Señor por oír algo que solo se escuchara convincente. Anhelaba que todos experimentaran el poder de Dios obrando en ellos y cambiando su lealtad a este mundo por la fidelidad al Señor Jesucristo.

COMPRENDER LA SABIDURÍA DE DIOS (1 Corintios 2:6-10)

«Sin embargo, hablamos sabiduría entre los que han alcanzado madurez; y sabiduría, no de este siglo, ni de los príncipes de este siglo, que perecen. Mas hablamos sabiduría de Dios en misterio, la sabiduría oculta, la cual Dios predestinó antes de los siglos para nuestra gloria, la que ninguno de los príncipes de este siglo conoció; porque si la hubieran conocido, nunca habrían crucificado al Señor de gloria. Antes bien, como está escrito: Cosas que ojo no vio, ni oído oyó, ni han subido en corazón de hombre, son las que Dios ha preparado para los que le aman. Pero Dios nos las reveló a nosotros por el Espíritu; porque el Espíritu todo lo escudriña, aun lo profundo de Dios».

En los versículos 1-5 Pablo distanció su motivación, procedimiento y mensaje de quienes persuadían a sus oyentes con palabras entretenidas pero vacías. Al mismo tiempo, él denunciaba la motivación egoísta e interesada de la sabiduría del mundo, el apóstol consideró realmente valiosa la sabiduría de Dios y la compartió. En 1 Corintios 1:30 señaló que Jesucristo mismo «... ha sido hecho por Dios sabiduría...». En 1 Corintios 2:6-10, definió varios elementos de esta sabiduría que él predicaba y en la cual descansaba.

Versículo 6. Sin embargo, marca un cambio de tema. De la «sabiduría humana» (1 Cor. 2:5) pasa a la sabiduría de Dios. En 1 Corintios 2:1-5 Pablo describió su mensaje y a sí mismo; para ello utiliza la primera persona del singular: «yo». En el versículo 6 cambió a la primera persona del plural, (nosotros) hablamos, incluyéndose con los creyentes corintios.

Por tanto, la sabiduría centrada en Cristo de la cual hablaba se aplica a toda la iglesia y a Pablo. Esta es para los que han alcanzado madurez. Es decir, los que estaban abiertos al Espíritu de Dios, a quienes Él capacitó para entender Su sabiduría. En 1 Corintios 2:6, es probable que la expresión «los que han alcanzado madurez» sea equivalente de «los que son salvos». Pablo hacía un contraste entre las personas salvas y las perdidas y no analizaba niveles de madurez espiritual, como en 1 Corintios 3:1-4. El apóstol destacó que solo los creyentes podrían entender y recibir los beneficios de la sabiduría de Dios.

La sabiduría que Pablo proclamaba no era de este siglo, ni de los príncipes de este siglo, es decir, de aquellos que tanto influyen en el pensamiento y la conducta de las personas mundanas. Él afirmó que quienes se identifican con esa clase de sabiduría desaparecerán o morirán.

Versículos 7-8. Si lo que Pablo predicó no era una sabiduría proveniente de «este siglo» (o este «mundo»), entonces ¿qué sabiduría predicó? Él predicó sabiduría de Dios en misterio, la sabiduría oculta. En el idioma original, la expresión «de Dios» está gramaticalmente en una posición enfática. Su ubicación y forma significan que esta sabiduría venía de Dios, estaba centrada en Él y le pertenecía de modo exclusivo. Pablo dijo cuatro cosas sobre la sabiduría de Dios. En primer lugar, es un «misterio». Esa palabra describe algo que había estado oculto pero que ahora ha sido revelado (ver Ef. 3:4-5; Col. 1:26-27). Por tanto, la sabiduría de Dios estuvo oculta de la razón humana y ha sido revelada en la persona y la obra de Jesucristo «por Su Espíritu» (1 Cor. 2:10).

Segundo, era una sabiduría que Dios predestinó antes de los siglos. Él la estableció antes de la creación, y ahora es revelada en Cristo. Debemos entender que Dios no determinó de manera arbitraria las características de Su sabiduría. Por el contrario, Él la predestinó sobre la base de Su propio carácter. Por ejemplo, Dios siempre ha sido y es eternamente amoroso y justo. La venida de Cristo afirmó ambas características de Dios. Nunca podremos entender esto por completo; este misterio siempre ha sido y será el plan de Dios para redimir a los seres humanos pecadores.

Tercero, la sabiduría de Dios es para nuestra gloria. Dios planeó revelar la redención en Cristo antes del principio de los tiempos. Revela a Jesús en la era presente. Cuando Él regrese y sea revelado como juez y rey, la consumación de nuestra salvación resultará en nuestra gloria, cuando recibamos nuestros cuerpos resucitados, preparados para vivir con Dios por toda la eternidad.

Cuarto, la sabiduría de Dios es desconocida para los príncipes de este siglo. ¿Cómo podía Pablo estar seguro de esto? Porque si ellos hubieran entendido la naturaleza de Cristo como la sabiduría de Dios revelada, nunca habrían crucificado

Pregunta #4

Reflexiona y comparte ¿Qué experiencias has tenido en esas épocas en que sin darnos cuenta nos desviamos y comenzamos a guiar nuestra propia existencia sin darle oportunidad a Dios de hacerlo? ¿Cómo ha cambiado tu vida una vez que has despertado de ese estado de alejamiento y te has dejado guiar, aconsejar, proteger y enseñar por el Espíritu Santo?

al Señor de gloria. Solo el Espíritu revela la verdad de Jesucristo (v. 10); de modo que esas autoridades religiosas, intelectuales y políticas que pusieron su confianza solo en la sabiduría de este mundo no pudieron entender la de Dios.

Notas

Versículo 9. Este versículo no se refiere a la majestuosa gloria celestial que aún no hemos visto, sino al plan de salvación de Dios para los perdidos. Pablo citó el pensamiento de Isaías 64:4 como una referencia al misterio ahora revelado en Cristo. Esto provee respaldo bíblico para la enseñanza de la incapacidad humana de comprender la sabiduría divina sin la intervención del Espíritu Santo. Grandes oradores, filósofos profundos y eruditos intelectuales no pueden por sí mismos entender el plan de Dios para redimir al ser humano por medio de Cristo.

Versículo 10. La diferencia entre quienes crucificaron al Señor de gloria (v. 8), y «los que han alcanzado madurez» (v. 6) es el discernimiento de la sabiduría de Dios revelada solo por el Espíritu. Únicamente el Espíritu de Dios comprende lo profundo de Dios, y solo Él puede dar entendimiento de esto a otros.

EJERCER DISCERNIMIENTO SANTO (1 Corintios 2:11-16)

«Porque ¿quién de los hombres sabe las cosas del hombre, sino el espíritu del hombre que está en él? Así tampoco nadie conoció las cosas de Dios, sino el Espíritu de Dios. Y nosotros no hemos recibido el espíritu del mundo, sino el Espíritu que proviene de Dios, para que sepamos lo que Dios nos ha concedido, lo cual también hablamos, no con palabras enseñadas por sabiduría humana, sino con las que enseña el Espíritu, acomodando lo espiritual a lo espiritual. Pero el hombre natural no percibe las cosas que son del Espíritu de Dios, porque para él son locura, y no las puede entender, porque se han de discernir espiritualmente. En cambio el espiritual juzga todas las cosas; pero él no es juzgado de nadie. Porque ¿quién conoció la mente del Señor? ¿Quién le instruirá? Mas nosotros tenemos la mente de Cristo».

Versículo 11. Pablo comenzó el versículo con el vocablo «porque», lo que introduce una ampliación de lo afirmado en el versículo 10 en cuanto a la función del Espíritu Santo de revelarnos las verdades de Dios. El apóstol argumentó por analogía que el único que conoce lo que sucede dentro de una persona es su espíritu que está en él; una forma de describir la conciencia de sí mismo. Entonces, el único modo en que otros pueden saber lo que pensamos es que nosotros mismos les revelemos nuestros pensamientos. Así también, la única persona que realmente conoce a Dios es Dios. Solo podemos saber algo sobre los planes y los propósitos de Dios si Él nos lo revela. Él ha revelado Su verdad a través de Su Palabra y de Su Hijo (Heb. 1:1-2), pero también nos declara verdades a través de Su Espíritu. En el contexto del capítulo 2, el Espíritu Santo ha revelado a los creyentes el propósito salvador de Dios en Cristo.

Versículo 12. Pablo enfatizó que los creyentes han recibido el Espíritu que proviene de Dios. El Espíritu de Dios está en abierto contraste y absoluta oposición al espíritu del mundo, una identificación que alude a las actitudes, los valores, la sabiduría y el orgullo religioso del mundo.

Un aspecto de la función del Espíritu es revelarnos a los creyentes lo que Dios nos ha concedido. ¿Qué es lo que el Creador en Su gracia ha decidido concedernos? ¡Nos ha dado salvación en Jesucristo! Tenemos Su completa salvación desde el momento en que recibimos al Señor. Sin embargo, llegar a conocer y experimentar todos los beneficios de esta salvación es un proceso de aprendizaje que el Espíritu Santo se encarga de llevar a cabo.

Versículo 13. Pablo estaba entre quienes habían aprendido mucho del Espíritu Santo. Su frase: «lo cual también hablamos», afirma que transmitía a otros lo que el Consolador le había revelado. Él evitaba las palabras enseñadas por sabiduría humana y utilizaba las del Espíritu. De este modo, acomodaba lo espiritual a lo espiritual. Quizás signifique que Pablo explicaba las cuestiones espirituales a personas que alimentaban la dimensión espiritual en sus vidas y podían entender lo que él decía, porque también tenían el Espíritu Santo para ayudarlas. ¿Te gustaría saber qué era lo espiritual que Pablo enseñaba? Comienza a leer las cartas del Nuevo Testamento inspiradas por Dios y escritas por Pablo. Al hacerlo, pide al Espíritu de Dios que te guíe a las verdades que Él revela en ellas.

> **La siguiente es una lista de las cartas de Pablo que tenemos en el Nuevo Testamento. Revisa la lista. Elige una carta con la que no estés familiarizado o una que no conozcas bien.**

También puedes seleccionar una de la que te gustaría aprender más. Quizás oíste citar uno o más versículos de alguna en particular y has deseado leerla completa, pero aún no lo has hecho. Encierra en un círculo el título de la carta y escribe junto a ella tu plan para completar su lectura en el futuro cercano. Recuerda buscar específicamente las verdades espirituales que Pablo enseñó en esa carta en particular.

Romanos *Filipenses*

1 Timoteo *1 Corintios*

Colosenses *2 Timoteo*

2 Corintios *1 Tesalonicenses*

Tito *Gálatas*

2 Tesalonicenses *Filemón*

Efesios

PALABRA CLAVE

Sabiduría. La palabra griega traducida sabiduría significa «inteligencia o conocimiento». No simplemente un conocimiento intelectual, sino de la capacidad para vivir. El Nuevo Testamento utiliza el término con el mismo significado que el Antiguo Testamento; de depender de Dios y recibir de Él la guía necesaria para vivir y no depender de la capacidad intelectual. Al igual que Santiago (Sant. 3:13-17), Pablo contrastó la sabiduría de Dios con la del mundo (1 Cor. 1:20-31; 2:6-7; 3:18-20). La sabiduría de Dios se encuentra en Su divina revelación, la Biblia, y en especial en Su revelación máxima de sí mismo en Cristo (Heb. 1:1-3). La sabiduría del mundo tiene su raíz en la inteligencia y el discernimiento humanos. Por tanto, es «insensatez para con Dios» (1 Cor. 3:19), pero la sabiduría de Dios no es «de este siglo» (o de este mundo) (1 Cor. 2:6).

Versículo 14. El «hombre natural» es una expresión que describe a todos los que están sin Cristo. Estas personas no tienen el Espíritu Santo para ayudarlas a comprender la verdad revelada de Dios. Esta es la razón por la que no perciben las cosas que son del Espíritu. En otras palabras, cuando se les expone la verdad del Creador no pueden entender o rehúsan creer. Por supuesto, no sucede así cuando el Espíritu Santo obra para convencer a un no creyente de su necesidad de Cristo. En ese caso la persona responde positivamente; pero Pablo no se refería a este tipo de situación. Su descripción se aplica al cinismo de los no creyentes cuando escuchan que los cristianos han recibido un mandato de compartir al Señor con otros. Estas personas rechazan el evangelio y todo lo que este implica, considerándolo locura. Hacen preguntas como: «¿Cómo podría un hombre que no pudo salvar su propia vida hace 2000 años hacer algo por alguien hoy?». Los perdidos son incapaces de entender la verdad del evangelio por sí mismos, ya que esta solo se puede discernir o evaluar por medio de la obra del Espíritu Santo. Es decir, quienes rechazan la obra del Espíritu en sus corazones no pueden desarrollar la capacidad de discernir la verdad de Dios. ¿Por qué las cuestiones del Espíritu son locura, incomprensibles, y por tanto inaceptables para las personas no espirituales? Porque entender y aceptar tales cosas requiere facultades que da el Espíritu Santo y estas personas han rechazado Su testimonio.

Pregunta #5

¿Cómo nos conecta con Cristo y con la sabiduría de Dios el ministerio del Espíritu Santo en nosotros?

Versículos 15-16. En vívido contraste con «el hombre natural» del versículo 14, «el espiritual» (el que tiene el Espíritu de Dios) juzga todas las cosas. Este puede distinguir la verdad del error. Eso no significa que una persona espiritual nunca cometa errores. Sin embargo, cuando hablamos de cuestiones espirituales, quien tiene el Espíritu no está sometido a quien no lo tiene (tal hombre no es juzgado de nadie). ¿Qué significa esto? Los incrédulos no poseen el discernimiento necesario para emitir juicios correctos sobre los creyentes, ni sobre la validez de su fe en Cristo.

A continuación, Pablo incluyó una cita de Isaías 40:13. Porque «… ¿quién conoció la mente del Señor? ¿Quién le instruirá? …» (1 Cor. 2:16). Estas preguntas tienen una respuesta evidente: Nadie, excepto Dios mismo. Por tanto, los que tienen el Espíritu del Señor tienen la mente de Cristo. La palabra traducida como «mente» significa más que meros pensamientos; incluye la idea de una forma de pensar o disposición.

La declaración final de Pablo es importante por dos razones. Primero, conocer la mente del Señor y tener la mente de Cristo son para Pablo frases sinónimas. Para conocer la mente del Señor es necesario tener el Espíritu Santo. En consecuencia, tener el Espíritu es tener la mente de Cristo. Segundo, Pablo concluyó su argumento iniciado en el versículo 7. Para entender la sabiduría de Dios hay que tener la mente de Cristo. De este modo, el Espíritu revela constantemente el misterio de Dios, en específico a Cristo, y a este crucificado.

Sé sensible y obediente al Espíritu Santo en Su guía diaria para mantenerte centrado en el Señor. El Consolador desea revelarte más de Cristo y de lo que en realidad importa o no en tu vida. Dios te proporciona toda la sabiduría que necesitas para vivir como un cristiano maduro.

APLICA LA SESIÓN A TU VIDA

1. Haz de la obediencia y de la comunión con el Espíritu Santo una práctica cotidiana, porque cuanto más honres y te sometas a Su ministerio, mayor sabiduría y poder obtendrás para testificar de la muerte redentora de Cristo.

2. El Espíritu Santo capacita a las personas para entender la sabiduría de Dios centrada en el Señor Jesús. Él es la más oportuna ayuda en tu misión de compartir las buenas nuevas de salvación.

3. El Espíritu Santo ayuda a los creyentes a vivir como cristianos al proveerles toda la sabiduría que necesitan. Recuerda siempre que no estás solo en esta misión.

Peticiones de oración del grupo

PREGUNTA # 1

¿Por qué el Espíritu Santo es esencial para la vida?

SESIÓN 5

EL ESPÍRITU SANTO ES ESENCIAL PARA LA VIDA SANTA

LA BIBLIA SE ENCUENTRA CON LA VIDA

El Señor nos ha dado al Consolador para que no tengamos que llevar la vida solos. Sin el Espíritu Santo no podríamos aspirar a vivir en santidad, porque nuestra naturaleza caída nos atraería y nos seduciría una y otra vez, estaríamos perdidos, no sabríamos cómo actuar, cómo discernir de acuerdo con la voluntad de Dios y nuestros pies resbalarían a causa de todo aquello que compite por nuestra atención.

VERDAD BÍBLICA

Pablo descubrió la respuesta a sus luchas espirituales en el ministerio del Espíritu Santo. Él transformó su manera de pensar, lo dotó de poder para vivir una vida santa, le recordó y le confirmó su adopción por parte de Dios y lo ayudó en sus oraciones.

PASAJE BÍBLICO

Romanos 8:1-30

BOSQUEJO DE LA LECCIÓN

El Espíritu de Dios transforma nuestra manera de pensar (Rom. 8:5-9)

El Espíritu de Dios nos dota de poder (Rom. 8:10-13)

El Espíritu de Dios confirma nuestra adopción (Rom. 8:14-17)

El Espíritu de Dios nos ayuda en nuestras oraciones (Rom. 8:26-27)

LA BIBLIA DICE:

EL ESPÍRITU DE DIOS TRANSFORMA NUESTRA MANERA DE PENSAR (Romanos 8:5-9)

«Porque los que son de la carne piensan en las cosas de la carne; pero los que son del Espíritu, en las cosas del Espíritu. Porque el ocuparse de la carne es muerte, pero el ocuparse del Espíritu es vida y paz. Por cuanto los designios de la carne son enemistad contra Dios; porque no se sujetan a la ley de Dios, ni tampoco pueden; y los que viven según la carne no pueden agradar a Dios. Mas vosotros no vivís según la carne, sino según el Espíritu, si es que el Espíritu de Dios mora en vosotros. Y si alguno no tiene el Espíritu de Cristo, no es de él».

En la lección anterior estudiamos la enseñanza de Pablo sobre la lucha constante de todos los creyentes contra el pecado. Mientras estemos en este cuerpo mortal nuestra naturaleza pecaminosa tratará de empujarnos de nuevo a la transgresión. Seguramente podremos sentirnos desanimados a causa de la batalla continua dentro de nuestro corazón y nuestra mente, la cual es semejante a la lucha que sufría Pablo. Sin embargo, la pelea del apóstol que se detalla en Romanos 7 debe estudiarse junto con el papel del Espíritu de Dios en Romanos 8. No estamos solos en nuestra batalla contra el pecado. Como cristianos, podemos cumplir la ley de Dios porque el Espíritu Santo obra en nuestra vida. Nosotros andamos en el Espíritu (ver Gál. 5:16-25).

Romanos 8:5-9 no es, en un sentido estricto, una exhortación a vivir en el poder del Espíritu. El pasaje es más bien una descripción. ¿Cuán diferente es, en términos generales, la mentalidad de una persona no regenerada de la de otro ser humano que alcanzó nueva vida en Cristo y posee una fuerte dependencia del Señor? Aquello en lo cual se ocupan las personas, lo que las dirige, las preocupa y consume su tiempo y energías, está determinado por lo que son (si son de la carne o si son del Espíritu). De modo que Pablo estableció un contraste entre estos dos grupos: los que no tienen a Cristo, que piensan en las cosas de la carne, y los creyentes que piensan en las cosas del Espíritu.

La enseñanza de Pablo aquí no implica que los creyentes viven una vida perfecta y sin pecado. Su planteamiento es que los patrones en que se fundamenta la vida de los no creyentes son en verdad diferentes de los modelos que guían la existencia de los cristianos. La palabra carne no se refiere al tejido que cubre nuestros huesos, ni a los instintos y apetitos corporales, sino a la naturaleza humana pecaminosa. En su Carta a los Gálatas, Pablo estableció un contraste entre las «obras de la carne» (conductas realmente probables en personas no cristianas) y «el fruto del Espíritu» (características propias de los creyentes cuyas vidas dependen del Espíritu Santo) (Gál. 5:17-23).

¿Cuál es la disposición básica de la vida de los seres humanos? Es ocuparse del Espíritu y estar del lado de Dios u ocuparse de la carne y elegir así nuestra naturaleza pecaminosa. La manera de pensar de alguien nos ofrece información relevante sobre esa persona; descubre su naturaleza elemental cristiana o no cristiana. Las creencias y las opiniones del ser humano reflejan su actitud hacia Dios: hostilidad, animosidad arraigada de un modo profundo y rebelión contra la ley moral del Creador o sumisión a Su voluntad y Sus designios y un verdadero deseo de agradarlo.

Es imposible vivir según la carne y según el Espíritu al mismo tiempo. Ciertamente, el carácter de una persona incluye aquello en lo que piensa, pero es más que solo eso. Se trata de la totalidad de su existencia, en especial lo que se refleja en su estilo de vida. Es una realidad comprobada que lo que llena nuestra mente se refleja en el modo en que vivimos (ver Prov. 23:7a). Por tanto, quienes centran su existencia en la satisfacción de sus apetitos básicos y se obsesionan con lo que desean de esta vida (el significado práctico de la palabra carne), viven de un modo egocéntrico que no tiene en cuenta los deseos de Dios. En contraste, cuando estamos en el Señor el Espíritu Santo mora en nosotros y tenemos la mentalidad del Espíritu, lo cual trae como resultado vida y paz. Pablo no decía que las personas son carnales o espirituales por pensar de una u otra manera. Él afirmaba que las personas piensan de cierta manera debido a su esencia (quiénes y qué son). En cada caso su naturaleza determina su actitud y carácter.

Pablo describió a los que son de la carne en tres maneras:

- En primer lugar, dijo que tener una mentalidad carnal es muerte: separación de Dios. Las personas que eligen vivir de acuerdo con sus deseos carnales se separan voluntariamente de Dios.
- En segundo lugar, los describió como enemistad contra Dios. La hostilidad y el odio hacia Dios existen porque el Creador se opone a un estilo de vista egocéntrico. Él aborrece precisamente aquello a lo que se aferra el no creyente; por ello, el incrédulo siente odio hacia Dios. Puede mostrarse como algo drástico en exceso, pero Santiago afirmó: «... Cualquiera, pues, que quiera ser amigo del mundo, se constituye enemigo de Dios» (Sant. 4:4). Tener una mentalidad carnal es lo opuesto a someterse a la ley de Dios.
- Por último, Pablo afirmó que las personas que viven según la carne no pueden agradar a Dios. Es manifiesto que todo el que no se someta a la ley de Dios no vive como Él desea. Alguien famoso que agradece al Señor por ser bendecido con un premio, pero mantiene un estilo de vida pecaminoso que busca el placer, se engaña a sí mismo al pensar que su vida puede agradar a Dios.

Pregunta #2

¿Cómo podemos diferenciar por sus actos a quienes son guiados por el Espíritu de Dios de aquellos que actúan según sus propios intereses y opiniones?

El cristiano continúa su lucha contra la atracción que ejerce sobre él un estilo de vida egocéntrico (ver Romanos 7), pero esa no es su verdadera mentalidad ni su perspectiva de la vida. Quizás los creyentes no vivan todo el tiempo de acuerdo con el Espíritu, pero de todas maneras poseen Su mentalidad y piensan en las cosas del Espíritu.

Pablo deseaba transmitir confianza a los cristianos de Roma. La expresión «si es que» en el idioma original puede significar también «ya que», o «si después de todo» el Espíritu de Dios estaba en ellos, al apóstol le era posible afirmar confiadamente que no vivían según la carne, sino según el Espíritu. Todo creyente tiene el privilegio de que el Espíritu Santo more en su interior desde el comienzo de su experiencia cristiana. Más aún, la marca distintiva del verdadero creyente es ser una habitación para el Espíritu de Dios. Sin embargo, Pablo advirtió: si alguno no tiene el Espíritu de Cristo, no es de él.

En el versículo 9, el apóstol mencionó «el Espíritu», «el Espíritu de Dios» y «el Espíritu de Cristo» para mostrar la unidad de Dios Padre, Dios Hijo y Dios Espíritu Santo. Los tres obran en la vida del creyente, pero el Espíritu Santo tiene un papel especial en la existencia diaria de los cristianos. Si eres cristiano, el Espíritu de Dios vive en ti. Él obra en tu vida, cambia tus pensamientos, deseos y conducta, que en conjunto dan forma a tu mentalidad.

> **Explica qué significa «ocuparse del Espíritu».**

EL ESPÍRITU DE DIOS NOS DOTA DE PODER (Romanos 8:10-13)

«Pero si Cristo está en vosotros, el cuerpo en verdad está muerto a causa del pecado, mas el espíritu vive a causa de la justicia. Y si el Espíritu de aquel que levantó de los muertos a Jesús mora en vosotros, el que levantó de los muertos a Cristo Jesús vivificará también vuestros cuerpos mortales por su Espíritu que mora en vosotros. Así que, hermanos, deudores somos, no a la carne, para que vivamos conforme a la carne; porque si vivís conforme a la carne, moriréis; mas si por el Espíritu hacéis morir las obras de la carne, viviréis».

Pregunta #3

¿Cómo podemos mantener nuestra naturaleza pecaminosa bajo control para vivir una vida que agrade al Señor? ¿Qué papel juega el Espíritu Santo en este esfuerzo?

Pablo escribió estos cuatro versículos parar enseñar a todos los cristianos que tienen la obligación de vivir con rectitud de acuerdo con los deseos y los mandatos del Espíritu de Dios. El poder vivificante del Espíritu que está en nosotros permite que ya no vivamos según nuestra naturaleza pecaminosa. Hacer morir las obras de la carne es una tarea que cada creyente debe realizar por iniciativa propia. Sin embargo, únicamente el Espíritu provee el deseo, la determinación y el poder para hacerlo.

Como afirmamos en el estudio bíblico de la semana pasada, nuestra transformación espiritual aún no es completa. Llegará el tiempo cuando nuestro cuerpo físico experimentará la resurrección, la glorificación y la completa liberación de la presencia del pecado. Del mismo modo que el Espíritu de Dios levantó de los muertos a Jesús, así también, si Él mora en nosotros, resucitará y vivificará nuestros cuerpos mortales. El Consolador nos dio nueva vida espiritual y también dará nueva vida a nuestro cuerpo. Que ahora tengamos una existencia en el Espíritu y que Él more en nosotros son garantías de nuestra futura resurrección y glorificación.

Desde el versículo 12 Pablo comienza a describir la posición del creyente en el Espíritu para luego enseñarnos cómo debemos vivir según esa posición cada día. Así pasó de describir (ver los versículos 5-11) a exhortar. Su enfoque estuvo en la obligación, la deuda que tienen los cristianos. Así que, si consideramos todo lo dicho sobre la obra del Espíritu en nuestra vida, deudores somos, no a la carne, para que vivamos conforme a la carne. Nuestros anteriores apetitos ya no tienen poder sobre nosotros. Tenemos una nueva obligación para con Aquel que nos liberó.

> **La salvación es gratuita, pero no carece de obligaciones.**

Explica en qué consiste la deuda que tienes con Aquel que te liberó de tus pecados. ¿Cuál es tu motivación para cumplir con esta obligación?

El versículo 13 presenta una de las más profundas ironías del universo. Pablo la expresó con las palabras «si vivís conforme a la carne, moriréis». Luego afirma que el Espíritu dota a los creyentes de poder para hacer morir las obras de la carne. El apóstol transmitió el resultado de esto con el término «viviréis». Entonces, si vivimos conforme a la carne, moriremos, pero, si por el Espíritu hacemos morir las obras de la carne, viviremos. Casi sorprendentemente, una cierta clase de vida conduce a la muerte; mientras que un tipo especial de muerte conduce a la verdadera vida.

Notas

Pablo señaló en específico que la responsabilidad del creyente es hacer morir las obras de la carne, lo cual se refiere a las prácticas pecaminosas en que concurre el cuerpo. «Hacer morir» sugiere una acción continua, una en que el Espíritu obra de manera ininterrumpida. La expresión «obras de la carne» alude a las prácticas pecaminosas habituales. El Espíritu Santo, de modo continuo, nos convence (de pecado), nos instruye y nos disciplina. Con el tiempo podemos ver evidencias de progreso a medida que el Espíritu nos lleva a ser más como Cristo. La vida, y no la muerte, es el resultado natural para quien tiene el Espíritu y vive según Su poder. Este proceso recibe el nombre de santificación.

Hacer morir cada día la vieja naturaleza con sus apetitos puede mostrarse como una tarea abrumadora. La realidad es que, cuando actuamos en nuestras fuerzas, vivimos la lucha que estudiamos la semana pasada en Romanos 7. No podemos salvarnos a nosotros mismos y Dios tampoco espera que vivamos en rectitud y santidad por nuestra cuenta. Sin embargo, Él puede enfrentar por nosotros los deseos pecaminosos y reemplazarlos por apetitos santos. De esta manera, el creyente puede depender del Espíritu para capacitarlo a fin de permitirle llevar una vida santa.

EL ESPÍRITU DE DIOS CONFIRMA NUESTRA ADOPCIÓN (Romanos 8:14-17)

«Porque todos los que son guiados por el Espíritu de Dios, éstos son hijos de Dios. Pues no habéis recibido el espíritu de esclavitud para estar otra vez en temor, sino que habéis recibido el espíritu de adopción, por el cual clamamos: ¡Abba, Padre! El Espíritu mismo da testimonio a nuestro espíritu, de que somos hijos de Dios. Y si hijos, también herederos; herederos de Dios y coherederos con Cristo, si es que padecemos juntamente con él, para que juntamente con él seamos glorificados».

En estos versículos descubrimos que Dios otorga grandes bendiciones a Sus hijos: salvación, adopción, seguridad y una herencia. Más aún, los que somos guiados por el Espíritu de Dios, somos hijos de Dios. El término «hijos» en este contexto no se refiere solo a los creyentes varones, sino a todos los cristianos de ambos sexos por igual. Para mostrar cómo vivimos bajo el liderazgo del Espíritu, Pablo contrastó la esclavitud con la adopción. El espíritu de esclavitud produce temor y está en quienes creen que deben satisfacer los requerimientos de Dios para serle agradables (como antes creía el joven de Kenia que finalmente comprendió en qué consistía el ofrecimiento de salvación de Dios en Cristo). Un creyente no tiene la perspectiva temerosa de un esclavo porque entiende que ha sido adoptado por un Padre celestial lleno de amor y de gracia.

> **¿Qué hace el temor en una relación? ¿Qué hace la confianza?**

Notas

En nuestra relación con Dios, la adopción es una realidad de la cual el Espíritu mismo da testimonio a nuestro espíritu. Él confirma en varias maneras esta relación íntima que tenemos con el Dios vivo: nos guía (v. 14), reemplaza el temor por libertad en nuestra relación con el Creador (v. 15a), nos impulsa a llamar a Dios Abba (un término íntimo para «Padre») porque somos Sus hijos (vv. 15b-17), nos promete una herencia junto con Cristo (v. 17) y nos da la esperanza de la gloria (v. 17).

El Espíritu Santo es el espíritu de adopción porque Aquel que ahora nos guía es el mismo que nos eligió para ser parte de Su familia. Todos los creyentes han sido adoptados en la familia espiritual de Dios y el Espíritu los convence de que pertenecen a ella.

Él hace posible que nos dirijamos a Dios tal como lo hizo Jesús. El término Abba indica una familiaridad e intimidad que se utiliza solo dentro de la familia. El Señor también utilizó ese término para dirigirse a Su Padre en Su oración en el huerto de Getsemaní (ver Mar. 14:36). Llamar a Dios Abba es un testimonio de la obra del Espíritu en el corazón del creyente. El vocablo puede compararse con la expresión «papito» o «papá» que utilizan los hijos pequeños para dirigirse a su padre. Aunque podría considerarse como un término que no expresa el respeto y la reverencia que le debemos a Dios, es preciso recordar que el acento está puesto en la relación íntima entre el Padre y Sus hijos. La enseñanza es que, porque el Espíritu nos ha hecho entrar en la familia de Dios, podemos acercarnos a Él con la misma confianza de un niño que corre al encuentro de su padre.

En su libro *El padre que yo quiero ser*, Josh McDowell nos cuenta una historia que ilustra la clase de intimidad y cercanía que pueden disfrutar un papá y su hijo:

Denise, la hija de un buen amigo mío, tuvo en una oportunidad un altercado con una de sus maestras de secundaria. La maestra había acusado a Denise de algo que ella no había hecho y, a pesar de la absoluta falta de evidencia, había amenazado a Denise con penalizarla severamente con castigos y suspensión. A pesar de las repetidas protestas de Denise afirmando su inocencia, la maestra persistió en su determinación de administrar castigo. Pero Denise se mantuvo firme.[1]

—¡Quiero llamar a mi papá! —insistió Denise, herida y asustada.

—Sí, debemos hacerlo ahora mismo, ¿no crees? —dijo la maestra, al parecer convencida de que el padre de Denise se sentiría avergonzado y enojado por la supuesta culpabilidad de su hija.

La maestra llevó a Denise a la oficina de la escuela y se quedó en pie junto al teléfono mientras Denise llamaba a su padre y le explicaba la situación.

—Ya viene —dijo Denise al borde del llanto, mientras colgaba el teléfono.

En pocos minutos, el papá de Denise llegó a la escuela y se sentó a conversar con su hija y la maestra. Como solo había oído la breve explicación que Denise le ofreciera por teléfono, pidió a la maestra que le explicara el problema. La maestra explicó la situación con enojo y poniéndose a la defensiva. Finalmente, el papá de Denise dijo:

1. Josh McDowell, *The Father Connection* [El padre que yo quiero ser], (Nashville: Broadman & Holman Publishers, 1996, págs. 96-97).

—Ya he oído suficiente.

Rodeó con un brazo a su hija y luego, amablemente, informó a la maestra que había acusado a la persona equivocada y que no toleraría ningún castigo, suspensión ni represalia de ninguna clase contra su hija. Salió de la oficina abrazando a Denise y pidió a su hija que lo esperara allí mientras él concluía la entrevista con la maestra.

De regreso en la oficina, explicó a la maestra por qué estaba seguro de la inocencia de Denise y agregó que pensaba que su hija merecía una disculpa. Luego abandonó la oficina. Cuando salió al corredor, nuevamente encontró a su hija a punto de llorar.

—¿Qué ocurre?, preguntó el padre confundido, pues parecía que la crisis había terminado. Apenas logrando contener sus lágrimas, Denise sonrió y rodeó con sus brazos el cuello de su padre.

—Papá, gracias por estar aquí para mí —dijo—. Tú eres mi defensor.

Por supuesto, no todos los estudiantes acusados por un maestro de hacer algo malo son inocentes y los padres deben ser precavidos para evitar apoyar equivocadamente a un hijo que ha actuado mal. Sin embargo, este no era el caso. Observemos que Denise no tuvo temor de su padre, sino que, por el contrario, al estar tan segura de su relación con él buscó su ayuda. ¡Esta es una figura, aunque vaga, de la intimidad que Dios desea disfrutar con cada uno de Sus hijos adoptados!

Pregunta #4

Reflexiona y comparte ¿Qué implica ser hijo de Dios? Enfócate en lo que representa Dios como padre, en la protección y la seguridad que recibimos del Padre amoroso, todopoderoso, justo y misericordioso. Y, por supuesto, ten en cuenta los deberes que adquirimos como hijos.

> **¿Alguna vez tuviste miedo de Dios? ¿Por qué? ¿Qué te ayudaría a tener mayor confianza en tu relación con Él?**

Cuando nos convertimos en hijos de Dios no solo nos transformamos en miembros de Su familia, sino también en herederos.

Ser herederos de Dios significa ser Sus destinatarios. La única manera en que podemos ser Sus herederos es si también somos coherederos con Cristo. Solo por medio de la unión que experimentamos con el Señor nuestra herencia se hace realidad. Todos los honores y las glorias celestiales pertenecen legítimamente al Hijo. Sin embargo, nosotros participaremos de ellos porque somos coherederos con Él (ver Juan 17:23-24).

Si somos de Cristo, participamos de Su Espíritu, de Su familia y somos coherederos, por lo cual estamos completamente identificados con Él. Porque el sufrimiento fue parte de la identidad de Jesús, también es una pieza de nuestra identidad en Él. Los creyentes padecemos junto con Él. Sufrimos porque llevamos el nombre de Cristo. Sin embargo, que los cristianos experimenten dolor no implica que no cuenten con el favor de Dios. Los padecimientos pueden venir como persecución directa, al ser víctimas del ostracismo, de perder un empleo u oportunidades sociales por causa de nuestra identidad con Cristo, entre otras formas. ¡Aun batallar con la tentación puede sentirse como un sufrimiento! No importa su grado o profundidad, es el resultado de la obediencia completa y la identificación con Cristo. Jesús dijo en Juan 15:20: «… Si a mí me han perseguido, también a vosotros os perseguirán…». Sin embargo, en realidad vale la pena, ya que: «… las aflicciones del tiempo presente no son comparables con la gloria venidera que en nosotros ha de manifestarse» (Rom. 8:18).

EL ESPÍRITU DE DIOS NOS AYUDA EN NUESTRAS ORACIONES (Romanos 8:26-27)

«Y de igual manera el Espíritu nos ayuda en nuestra debilidad; pues qué hemos de pedir como conviene, no lo sabemos, pero el Espíritu mismo intercede por nosotros con gemidos indecibles. Mas el que escudriña los corazones sabe cuál es la intención del Espíritu, porque conforme a la voluntad de Dios intercede por los santos».

Pregunta #5

Como afirmó Pablo, el Espíritu intercede por nosotros con gemidos indecibles. Reflexiona en cuánto amor envuelve esta poderosa ayuda y comparte tus pensamientos Responde: ¿Qué significado posee para ti saber que eres objeto de esa clase de amor? ¿Cómo te hace sentir esa verdad?

El Espíritu de Dios es en verdad esencial para vivir en santidad. En este estudio hemos descubierto que Él transforma nuestra mentalidad, nos dota de poder para una vida santa y nos ayuda a comprender nuestra nueva posición en la familia de Dios (y las responsabilidades que vienen con ella). Finalmente, aprendemos que el Espíritu de Dios también nos ayuda en nuestras oraciones.

La expresión «de igual manera» conecta nuestra esperanza futura con nuestra realidad presente: con frecuencia no sabemos lo que hemos de pedir como conviene. Pablo se refería a aquellos momentos en que no tenemos certeza de cómo debemos orar. Al señalar «nuestra debilidad» no alude solo a la debilidad física, sino también a la incapacidad de conocer exactamente qué o cómo orar a Dios. Pero el Espíritu que mora en nosotros interviene para ayudarnos. Por eso no debemos desalentarnos al orar; no tenemos que «arreglárnoslas solos».

¿Qué ayuda presta el Espíritu? Pablo señaló que intercede por nosotros con gemidos indecibles. Cuando no sabemos cómo expresar nuestras cargas, el Espíritu conoce nuestros corazones e intercede por nosotros. La palabra «nosotros» revela que aun Pablo requería de esa ayuda en sus oraciones. Las personalidades de la Biblia, incluidos los apóstoles, no eran superhéroes sin nada en común con los creyentes como tú y yo.

Pablo no quiso afirmar que el Espíritu Santo provoca que los creyentes emitan gemidos y ruidos inusuales al orar; no es una referencia al lenguaje utilizado en la oración privada ni al hablar en lenguas (ver 1 Cor. 12:10), sino a que el Espíritu intercede por los santos conforme a la voluntad de Dios. El Espíritu y el Padre son uno: El Padre sabe por qué ora el Espíritu y el Espíritu siempre ora en armonía con el deseo de Dios. El Espíritu Santo lleva nuestras necesidades delante del Padre y acomoda nuestras preocupaciones a la perfecta voluntad de Dios. Así, el Creador oye todo lo que «... pedimos [...] conforme a su voluntad» (1 Jn. 5:14-15).

¿Has luchado con tus propias fuerzas para agradar a Dios y vivir para Él? Si es así, el fracaso es seguro. La respuesta a tu lucha espiritual es el ministerio del Espíritu Santo en tu vida. Él transformará tu mentalidad, te dotará de poder, confirmará tu adopción y te ayudará a orar. Depende del Espíritu de Dios y podrás vivir cada día con la victoria espiritual. ¡Puedes creerlo con toda seguridad!

> **¿Cómo activa y enriquece la vida de oración de los creyentes conocer el ministerio del Espíritu Santo en y mediante nuestras oraciones?**

APLICA LA SESIÓN A TU VIDA

1. **El Espíritu Santo transforma la mentalidad de los creyentes.**
2. **El Espíritu Santo capacita a los creyentes para que ya no vivan de acuerdo con su naturaleza pecaminosa.**
3. **El Espíritu Santo confirma a los creyentes su adopción en la familia de Dios.**
4. **El Espíritu Santo dota de poder las oraciones de los creyentes. Vive de acuerdo con estas verdades, búscalas en tu existencia cotidiana y utilízalas como recursos provistos por Dios para que obtengas victoria y vivas en armonía perfecta con Su voluntad para ti.**

Peticiones de oración del grupo

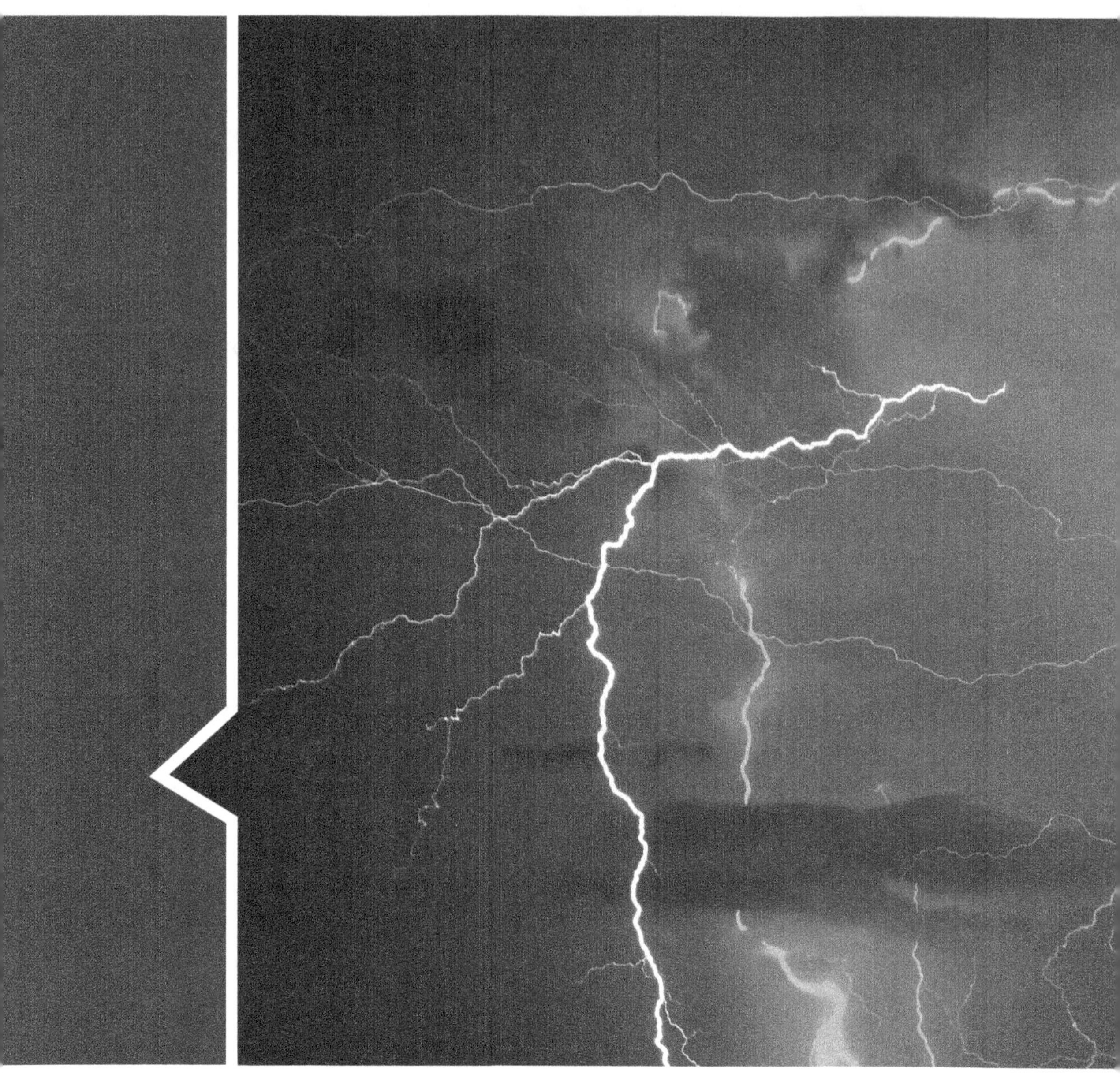

PREGUNTA # 1

¿Cómo puedo experimentar el poder del evangelio?

SESIÓN 6

EL PODER DEL EVANGELIO EN LA VIDA COTIDIANA

LA BIBLIA SE ENCUENTRA CON LA VIDA

El evangelio no es un salvavidas, sino un estilo de vida que se apega a la verdad revelada de Dios y otorga innumerables bendiciones y beneficios a todo aquel que lo abrace. Es común que las personas que conocen al Señor pasen de no haber visitado nunca o casi nunca la iglesia a convertirse en asiduos participantes de sus reuniones, grupos, cultos y programas. Esto, en múltiples casos, es interpretado como «el cambio de vida» y, aunque ciertamente constituye un cambio, no es la transformación sobrenatural que se experimenta al asumir por completo una vida conforme a los principios que el evangelio nos enseña. Experimentar el poder del evangelio va más allá de la mera asistencia a la iglesia, tiene que ver con encarnar cada enseñanza y mandamiento, cada principio eterno que nos lleva a vivir en la sobrenaturalidad de Dios y se apega más a las cuestiones de fondo que a las de forma. Está relacionado, así mismo, con un compromiso total con una vida limpia, con el crecimiento continuo y el destierro de toda forma de maldad y pecado.

VERDAD BÍBLICA

El evangelio es poderoso porque revela que Dios ha actuado en Cristo para responder a todas las necesidades humanas.

PASAJE BÍBLICO

Hechos 3:1-26

BOSQUEJO DE LA LECCIÓN

Prestar atención a los mensajeros de Dios (Hech. 3:1-8)

Hacer del Hijo de Dios el centro de nuestra vida (Hech. 3:11-16)

Responder al plan de Dios (Hech. 3:19-20)

LA BIBLIA DICE:

PRESTAR ATENCIÓN A LOS MENSAJEROS DE DIOS (Hechos 3:1-8)

«Pedro y Juan subían juntos al templo a la hora novena, la de la oración. Y era traído un hombre cojo de nacimiento, a quien ponían cada día a la puerta del templo que se llama la Hermosa, para que pidiese limosna de los que entraban en el templo. Este, cuando vio a Pedro y a Juan que iban a entrar en el templo, les rogaba que le diesen limosna. Pedro, con Juan, fijando en él los ojos, le dijo: Míranos. Entonces él les estuvo atento, esperando recibir de ellos algo. Mas Pedro dijo: No tengo plata ni oro, pero lo que tengo te doy; en el nombre de Jesucristo de Nazaret, levántate y anda. Y tomándole por la mano derecha le levantó; y al momento se le afirmaron los pies y tobillos; y saltando, se puso en pie y anduvo; y entró con ellos en el templo, andando, y saltando, y alabando a Dios».

Versículo 1. Jesús había incluido a Pedro, Juan y Santiago, en una especie de círculo íntimo de discípulos. Los llevó con Él al monte de la transfiguración y a la experiencia más profunda del huerto de Getsemaní. Se hace evidente que los preparaba para importantes responsabilidades de liderazgo. Los dos discípulos iban al templo diariamente a la hora novena, la de la oración, las tres de la tarde. Esta era la hora del sacrificio de la tarde y uno de los tres momentos diarios de oración observados por los judíos devotos. Los otros dos momentos eran las nueve de la mañana y el mediodía. Los creyentes en Jerusalén aún adoraban en la zona del templo (Hech. 2:46). Templo es la traducción de una palabra que incluye toda el área de influencia de este, abarcaba sus diversos atrios, depósitos y espacios de trabajo. Para designar el templo como tal, que albergaba el lugar santo y el lugar santísimo, se utilizaba otro término.

Versículos 2-3. Al entrar al templo por cierta puerta, encontraron a un hombre cojo de nacimiento. El templo abarcaba una amplia superficie, poseía una serie de atrios que formaban grandes espacios alargados con galerías sobre tres de sus lados. Estos lugares de reunión estaban abiertos al público, pero solo a los judíos se les permitía entrar a los atrios interiores del templo. No tenemos certeza de la ubicación exacta de la puerta llamada la Hermosa. Un gran número de estudiosos de la Biblia concuerdan en que probablemente se encontraba sobre el lado oriental del templo.

El hombre tenía más de cuarenta años de edad (Hech. 4:22) y es probable que lo hayan traído durante muchos años cada día al templo para que pidiera limosna. Esta puerta era un sitio adecuado para que él se sentara. La gente se reunía cada día en el templo para adorar. Él quizás esperaba que quienes pasaban le dieran al menos un pequeño donativo para impresionar a Dios con su piedad.

PALABRA CLAVE

Fe. La palabra fe es la traducción del conocido sustantivo griego pistis. Su importancia se evidencia en que aparece unas 240 veces en el Nuevo Testamento, y su forma verbal (creer) aparece más de 200 veces. En el Nuevo Testamento, ejercer fe, o creer, significa más que solo creer con la cabeza, aunque también incluye aceptación mental de los hechos sobre Jesús presentados en la Palabra de Dios. La fe comprende no solo conocer y estar de acuerdo con la verdad, sino también confiar en ella. La declaración de Pedro en Hechos 3:16 muestra que Jesús fue el origen de la sanidad del cojo, el objeto y la causa de la fe de este hombre. Debemos entender que la verdad no es verdad porque creamos en ella, sino que precisamos creer en ella porque es verdad. Ella es objetiva, está determinada por el carácter de Dios y por Su accionar de acuerdo con Su carácter. Debemos poner nuestra fe en lo que es objetivamente cierto, en lo que Dios nos ha revelado como verdad.

En la actualidad, una regla que no está escrita y de la que nadie habla es la de no mirar a los ojos a los mendigos, aun cuando se les dé algo. La razones son:

1. No alentarlos.

2. Tener el menor contacto personal posible.

La naturaleza humana pecadora no ha cambiado desde los tiempos bíblicos, de modo que podemos entender cómo se trataba en general a los mendigos. Este hombre había sido ignorado y tratado con tanta falta de respeto por tanto tiempo, que le quedaba realmente poco sentido de dignidad. En apariencia, cuando vio a Pedro y a Juan aproximarse ni siquiera levantó la vista, mientras recitaba su acostumbrado pedido de ayuda económica.

> **Es probable que no hayas estado nunca en un lugar público mendigando. Sin embargo, en algún momento necesitaste ayuda. Recuerda un momento en que hayas necesitado ayuda de algún tipo. Encierra en un círculo las opciones que encontrarás debajo, que podrían describir tu actitud en aquellos momentos:**

Evitaba la iglesia **Cuestionaba el cuidado de Dios**

Tenía dificultad para concentrarme **Sentía vergüenza**

No podía mirar a ciertas personas a los ojos **Sentía enojo**

Otras actitudes:

> **Detente el tiempo suficiente como para recordar cuán dolorosos fueron para ti esos momentos. Luego imagina ser un mendigo de mediana edad y cojo durante toda tu vida, piensa en lo desesperante que puede ser la falta de esperanza. Escribe tus conclusiones.**

Pregunta #2

¿Cómo crees que la falta de esperanza juega en contra de la fe?

Versículo 4. Es probable que la mayoría de las personas que respondía al clamor de un mendigo no hacía más que arrojarle una moneda al pasar, para luego continuar su camino. Para ellos, este hombre era solo un elemento familiar en la escena, una «cosa», más que una persona. Que dos se detuvieran y contemplaran su miserable situación era algo fuera de lo común. La expresión «fijando en él los ojos» es la traducción de un verbo que significa «prestar atención continua y firme». Pedro y Juan vieron algo más que un mendigo cojo. Observaron a una persona que tenía necesidades más allá de las financieras. Utilizaron la palabra común para «mirar» y dijeron al hombre: Míranos. Este encuentro fue a la vez intenso y premeditado. Los apóstoles confiaban por completo en que el poder del Espíritu Santo estaba a punto de manifestarse en la vida de un ser humano por el que Cristo había muerto.

Versículo 5. La atención que Pedro y Juan prestaron al mendigo le infundió esperanza. Es probable que el hombre haya pensado que recibiría una generosa ofrenda de ellos. Pero es claro que no esperaba nada más. Hacía mucho tiempo que había perdido la esperanza de que la vida tuviera algo que él pudiera disfrutar.

Versículo 6. Pedro dijo al hombre que no tenía dinero, pero tenía algo mejor. Luego, le ordenó: «En el nombre de Jesucristo de Nazaret, levántate y anda».

Este versículo no debe desalentarnos de dar dinero a las personas que lo necesitan. Una de las maneras en que el poder de Dios obra para satisfacer necesidades materiales es por medio del dinero que ofrendan quienes lo aman. Las ofrendas monetarias pueden expresar el amor y el cuidado de Cristo. La Biblia alienta a los creyentes a dar a otros (Mat. 25:31-40; ver también Sant. 2:15-16). Sin embargo, este versículo indica que las necesidades financieras no son las más importantes que el ser humano posee.

Nuestra más grande necesidad es conocer a Jesucristo como Señor y Salvador. Como veremos en la próxima sección, Jesús fue el centro en esta sanidad. Este milagro, como muchos otros en Hechos, dio a los seguidores del Señor una gran oportunidad para testificar de Él. Pedro y Juan no solo atestiguaron de Jesús con eficiencia, sino que también fueron buenos representantes Suyos. Al igual que el Hijo, demostraron su estima hacia las personas a quienes ministraban. Todos necesitamos saber que alguien se interesa por nosotros, que somos valorados por otros. Es claro que Pedro y Juan valoraron al mendigo. Ellos sabían que todas las personas debían ser tratadas como Jesús las trató: con dignidad, respeto y consideración.

Versículo 7. Recuerda que Lucas, el escritor del Libro de Hechos, era médico (Col. 4:14). Por los detalles que nos brinda, logramos ver el interés de Lucas. La debilidad del mendigo estaba en sus pies y tobillos. Pedro tomó decididamente la mano del hombre y lo puso sobre sus pies. Si usted hubiera estado allí, ¿habría advertido a Pedro que esperara y observara si el hombre sentía deseos de ponerse de pie? ¿Habría corrido hasta el hombre para sostenerlo en caso necesario? Pedro no tenía tales dudas. Actuó en la fe que es en y a través de Jesucristo (Hech. 3:16).

Mientras Pedro ayudaba al hombre a ponerse de pie, sus hasta entonces inservibles pies y tobillos se fortalecieron. Versículo 8. ¡Qué contraste vemos entre los versículos 2 y 8! De un «cojo» que era «traído» para mendigar a un hombre que andaba, saltaba, y alababa a Dios. Entró en la zona del templo con los apóstoles y exaltaba a Dios por lo que Él había hecho.

Pregunta #3

¿Qué papel debe jugar la Iglesia en cuanto a la benevolencia y la compasión? ¿Cómo crees que las obras de benevolencia y compasión con quienes viven circunstancias difíciles ayudan a fomentar su esperanza y su fe?

La iglesia primitiva tenía poco dinero, pero mucho poder. Hoy en día, innumerables iglesias cuentan con abundantes recursos financieros, pero con escaso poder. Quizás esto se deba en parte a que pocos cristianos oramos con seriedad. En lugar de depender de Dios, lo hacemos de nuestras propias capacidades para satisfacer necesidades. Estamos tan ocupados en la búsqueda del bienestar de nuestros «reinos» personales y familiares que no procuramos el reino de Dios en primer lugar (Mat. 6:33). Para la mayoría de los miembros de la iglesia, el reino de Dios no está en primer lugar, ni siquiera entre los diez primeros sitios.

Arrepintámonos de nuestro egocentrismo y autosuficiencia. Humillemos nuestros corazones delante del Señor y pongamos todo lo que tenemos y somos a Su disposición. Cuando lo hagamos, experimentaremos el poder de Dios que obra para satisfacer las necesidades de los seres humanos. La ayuda que ofrecemos a las personas no será completa hasta que les hagamos una clara invitación bíblica a apartarse del pecado y volverse a Cristo. Cuando somos mensajeros de Dios, la gente puede recurrir a Dios y a nosotros en busca de ayuda que satisfaga sus necesidades más profundas, y la hallan.

> **Yo describiría la actitud de mi iglesia hacia la benevolencia como:**

> **Yo describiría la actitud de mi iglesia hacia el poder de Dios para transformar vidas, como:**

> **Cuando se reúnan para el estudio bíblico, ¿cómo analizarás con tu grupo estas cuestiones potencialmente difíciles?**

Notas

HACER DEL HIJO DE DIOS EL CENTRO DE NUESTRA VIDA (Hechos 3:11-16)

«Y teniendo asidos a Pedro y a Juan el cojo que había sido sanado, todo el pueblo, atónito, concurrió a ellos al pórtico que se llama de Salomón. Viendo esto Pedro, respondió al pueblo: Varones israelitas, ¿por qué os maravilláis de esto? ¿o por qué ponéis los ojos en nosotros, como si por nuestro poder o piedad hubiésemos hecho andar a éste? El Dios de Abraham, de Isaac y de Jacob, el Dios de nuestros padres, ha glorificado a su Hijo Jesús, a quien vosotros entregasteis y negasteis delante de Pilato, cuando éste había resuelto ponerle en libertad. Mas vosotros negasteis al Santo y al Justo, y pedisteis que se os diese un homicida, y matasteis al Autor de la vida, a quien Dios ha resucitado de los muertos, de lo cual nosotros somos testigos. Y por la fe en su nombre, a éste, que vosotros veis y conocéis, le ha confirmado su nombre; y la fe que es por él ha dado a éste esta completa sanidad en presencia de todos vosotros».

Aunque buscar ayuda en los mensajeros de Dios puede servirnos de apoyo en tiempos de necesidad espiritual o material, Jesús debe ser siempre el centro de nuestra vida. Solo Él tiene el poder para llenar todas nuestras necesidades.

Versículo 11. Que el hombre sanado tuviera asidos a Pedro y a Juan no significa que estuviera apoyándose en ellos para no caer. Estaba tan feliz y agradecido, que se aferraba a quienes obraron su sanidad en el nombre de Jesús. ¿Puedes imaginarlo abrazando con entusiasmo a Pedro y a Juan? El pueblo que se hallaba en el templo quedó atónito, asombrado, al ver que ya no era cojo. Sin duda tenían innumerables preguntas. Una gran multitud comenzó a reunirse alrededor de ellos en el pórtico que se llama de Salomón. Este pórtico rodeaba todo el atrio de los gentiles, por lo que era un lugar de acceso público. En Juan 10:23 se menciona como el lugar donde Jesús había discutido antes con líderes religiosos. El milagro proveyó a Pedro una ocasión ideal para predicar a Jesús.

Dios tiene un modo de otorgarnos oportunidades para hablar a otros sobre Jesús y debemos ser sensibles a tales oportunidades. Una persona se encuentra sentada junto a nosotros en una sala de espera y comenta: «Yo sé que me preocupo demasiado»; aquí tenemos una oportunidad de hablar del único que puede liberarnos de la preocupación. Un empleado en su hora de descanso está fuera de

Notas

la puerta del comercio; y tenemos una oportunidad para expresar aprecio por su servicio y mencionar al mayor siervo de todos, a Jesucristo. Quizás tan importantes como estas son las oportunidades que nos proveen nuestras relaciones con personas a quienes conocemos mejor. Me refiero a que la amistad con un compañero de trabajo o un vecino puede ofrecerte una oportunidad de expresar algo así: «Lamento conocerte desde hace tanto tiempo y todavía no haberte contado sobre lo más importante en mi vida. ¿Te importaría si tomara unos minutos para contarte qué significa mi fe en Dios para mí?». ¿Qué oportunidades de hablar a otros de Cristo podrías estar perdiendo?

> **La pregunta: «¿Qué oportunidades puedes estar perdiendo?», es sencilla, pero nos hace reflexionar. Escribe tus respuestas.**

Versículo 12. Pedro estaba listo para aprovechar la oportunidad de proclamar a Jesús. Este fue su segundo sermón en Hechos (ver el primero en Hech. 2:14-40). Como la Biblia no menciona todos los milagros que ocurrieron (Hech. 2:43), es razonable concluir que tampoco refiere todas las presentaciones del evangelio. Los apóstoles llenos del Espíritu hablaban de Jesús con bastante frecuencia. Esta proclamación del evangelio en particular trajo persecución contra la iglesia de los primeros tiempos; quizás esa sea una de las razones por las que se mencionó.

La expresión «varones israelitas» aclara que Pedro no tuvo impedimento en invitar a sus compatriotas israelitas a arrepentirse de sus pecados y volverse a Cristo. Recuerda que el evangelio aún no había sido predicado más allá de Jerusalén. Jesús había dicho a Sus seguidores que debían serle «... testigos en Jerusalén, en toda Judea, en Samaria, y hasta lo último de la tierra» (Hech. 1:8). Pedro obedecía Sus instrucciones.

Por supuesto, la entusiasmada multitud dio por sentado que Pedro y Juan habían sanado al hombre. Pedro comenzó por transferir la atención a Jesús y sacarla de sí mismo y de Juan. Les preguntó por qué estaban maravillados y por qué señalaban a los dos discípulos como si por su poder o piedad hubiesen sanado al cojo. Él quería dejar claro que eran meros hombres, que sin la autoridad de Dios no tenían poder para realizar milagros.

Versículo 13. Pedro manifestó claramente que el Dios de Abraham, de Isaac y de Jacob era quien había obrado la sanidad. Esta forma de referirse a Dios resultaba familiar para los judíos e identificaba a Dios como el Dios a quien decían adorar. Tal como lo había hecho antes, al hablar del Todopoderoso como el verdadero autor de los milagros de Jesús (Hech. 2:22), ahora Pedro entregaba al Creador todo el crédito por el milagro que el pueblo había visto ese día en la zona del templo.

Pedro había ordenado al cojo caminar «en el nombre de Jesucristo de Nazaret» (Hech. 3:6). De este modo, la sanidad era un medio por el que Dios había glorificado a Su Hijo. El Padre glorificó a Jesús como un genuino siervo de Dios al obrar un milagro en Su nombre. Así Dios validó la identidad del Hijo como el «Mesías» (Hech. 3:18; literalmente «Cristo», el equivalente griego del hebreo «Mesías»).

Pedro dijo al pueblo: negasteis a Jesús (v. 14). La palabra griega significa «renunciar a o rechazar». El pueblo de Israel era culpable de rechazar consciente y deliberadamente al Señor, a quien Dios había glorificado y confirmado como el

Mesías. Aun Pilato, el gobernador romano, sabía que Jesús no era culpable de un crimen que mereciera la muerte. Él había resuelto ponerlo en libertad, pero los líderes religiosos habían convencido a sus compatriotas de que exigieran Su ejecución (ver Mat. 27:20).

Versículo 14. Pedro continuó describiendo a Jesús como el Santo y el Justo. Marcos 1:24 nos informa que los espíritus inmundos reconocían que Jesús era «el Santo de Dios». Hechos 7:52 y 22:14 se refieren a Él como «el Justo». La profecía mesiánica de Zacarías describe al Mesías como «justo» (Zac. 9:9) y Mateo 21:5 cita el mismo versículo para mostrar que Jesús cumplió la profecía de Zacarías. Pedro trataba de señalar con claridad que el pueblo había decidido que Pilato soltara a un homicida (ver Mar. 15:7) en lugar de aquel cuya vida había sido totalmente apartada para Dios y agradable a Él.

Versículo 15. Nota el sentido irónico de las palabras de Pedro. Jesús es el verdadero Autor (término que puede significar «fuente» o «soberano») de la vida, pero los judíos prefirieron a uno que quitaba la vida. Eligieron a Barrabás, un asesino, en lugar de a Jesús. Sin embargo, Dios había resucitado a Jesús de la muerte y Pedro y Juan eran testigos oculares de esa realidad.

En la actualidad, las personas que se hallan a nuestro alrededor cometen el terrible error de negar a Jesús, aquel que les ofrece vida en abundancia en el presente (Juan 10:10) y vida eterna en el cielo (Juan 3:16). Las personas que rechazan la luz y la vida de Cristo eligen permanecer en oscuridad espiritual y muerte. Nuestra tarea como cristianos es ser testigos vivientes del poder de Jesús que es real para dar vida a quienes están muertos espiritualmente y luz a quienes andan en tiniebla espiritual.

Versículo 16. Pedro explicó claramente por qué ahora el cojo podía caminar: por la fe en Su nombre. La fe debe estar puesta en Jesús. Cuando se utiliza Su nombre de esta manera, se alude tanto a la persona de Cristo como al poder que Él posee. Pedro y Juan realizaron este milagro de sanidad por la fe en Cristo, y por la fe en Su nombre el hombre lisiado lo recibió. En otras palabras, aunque el poder que obró el milagro provenía de Jesús, el cojo debía tener fe en Él para recibir la sanidad. Lo mismo sucede cuando una persona recibe la salvación. El poder para la salvación viene de Dios (Rom. 1:16), pero el ser humano debe creer en el Señor para recibirla (Hech. 16:31). Determina que, como creyente, mantendrás diariamente tu vida centrada en el Hijo de Dios. Para andar por fe necesitas Su poder. Jesús señaló: «... separados de mí nada podéis hacer» (Juan 15:5).

> **Observa una vez más los nombres de Dios utilizados en los versículos 13-15:**

- **El Dios de Abraham, de Isaac y de Jacob (el Dios que es conocido por los nombres de Su propio pueblo)**
- **El Santo y el Justo (las características del siervo mesiánico profetizadas por Isaías)**
- **El Autor de la vida (es decir la fuente, el que comienza algo, soberano, líder, fundador)**

Notas

> **Coloca una marca junto al término que sea más significativo para ti en estos momentos. ¿Por qué escogiste ese nombre en particular?**

RESPONDER AL PLAN DE DIOS (Hechos 3:19-20)

Pregunta #4

El arrepentimiento no solo es necesario para el ser humano, sino también conveniente por las extraordinarias bendiciones que trae consigo: ¿Cómo podemos ser dignos ejemplos de vidas que han experimentado un verdadero arrepentimiento y han recibido una transformación total de su existencia?

Pregunta #5

Reflexiona y comparte tus experiencias: ¿Cómo cambió tu vida a partir del día en que te arrepentiste y te entregaste por completo al plan que Dios diseñó para el ser humano?

«Así que, arrepentíos y convertíos, para que sean borrados vuestros pecados; para que vengan de la presencia del Señor tiempos de refrigerio, y él envíe a Jesucristo, que os fue antes anunciado» (Hech. 3:19-20).

En el versículo 17 Pedro comenzó su invitación para que respondieran a Cristo. El pueblo había rechazado al Señor y rehusado poner su fe en Él. Estaban equivocados, no comprendían quién era Jesús. Ignoraron las señales y las maravillas que demostraban Su deidad y negaron que Él era Dios y que había venido para salvar. Sin embargo, Pedro reconoció que el pueblo y sus gobernantes habían actuado por ignorancia (ver Luc. 23:34). Debemos notar que Dios utilizó la injusta condenación que ellos le impusieron a Jesús para cumplir la profecía de que Él padecería por los pecados de otros (ver Isaías 52:13–53:12).

Versículo 19. Así que, porque Dios envió a Jesús a sufrir (por los pecados de otros) y lo resucitó de la muerte (Hech. 3:15), el ser humano debe arrepentirse y convertirse. El arrepentimiento es un cambio de mentalidad. Convertirse implica un cambio de dirección. Para el caso, ambos términos son sinónimos. El ser humano no puede arrepentirse en verdad sin convertirse y no puede convertirse hasta que haya cambiado su mentalidad. Ambos términos aluden al rechazo que el pueblo evidenció hacia Jesús. Pedro los llamó a cambiar su forma de pensar en cuanto a Jesús y volverse a Él con fe.

El arrepentimiento traería dos maravillosas bendiciones a quienes lo experimentaran. Primero, serían borrados sus pecados. Segundo, vendrían de la presencia del Señor tiempos de refrigerio. En otras palabras, podrían empezar de nuevo. Probarían la vida en concordancia con los planes de Dios: una existencia en comunión con el Señor. Vivir sometidos a Jesús como nuestro Señor es verdaderamente un refrigerio, porque Él nos mostró Su amor al sufrir por nosotros.

Versículo 20. La expresión «Y él envíe a Jesucristo», se refiere a la segunda venida de Cristo como expresa con nitidez el versículo 21. Hebreos 9:28 promete que Dios enviará un día a Jesús por segunda vez, no para cargar con nuestros pecados, sino para completar la salvación que ha provisto para todos los que esperan en Él.

Cuando prestamos atención a los mensajeros de Dios, permitimos que Su Hijo sea el centro de nuestra vida y respondemos a Su plan al recibir a Cristo y vivir en Su presencia. Así mismo, experimentamos el poder de Dios que satisface nuestras necesidades. Más aun, Él puede usarnos para llevar Su verdad a otros y las necesidades de ellos serán satisfechas también.

APLICA LA SESIÓN A TU VIDA

1. **Dios obró por medio de Pedro y Juan para sanar a un hombre inválido en la entrada del templo. Pedro utilizó esta sanidad como una oportunidad para proclamar la verdad de Jesús a una multitud asombrada. La experiencia revela el poder del evangelio; es decir, que Dios actuó en Cristo para llenar todas las necesidades humanas.**

2. **Debemos acudir a Dios en Cristo a través del arrepentimiento y la fe, para ser perdonados. A medida que continuamos relacionándonos con el Señor por fe podemos tener la confianza de que Su poder es lo que necesitamos para satisfacer cada una de nuestras necesidades, tanto en esta vida como en la venidera.**

Peticiones de oración del grupo

NOTAS

GUÍA PARA EL LÍDER

FUEGO DE DIOS

INSTRUCCIONES GENERALES

Para aprovechar al máximo este estudio y asegurar una experiencia de grupo más enriquecedora, se recomienda que todos los participantes del grupo lean todo el contenido de la enseñanza y el diálogo antes de cada reunión del grupo.

Como líder, también es una buena idea que estés familiarizado con este contenido y preparado para resumirlo para los miembros de tu grupo a medida que avanzan en el material cada semana.

1. APLICACIÓN PARA LA VIDA

Una introducción al tema de la sesión y su conexión con la vida cotidiana, junto con una breve descripción del texto principal de la Escritura. Esta sección, la Biblia se encuentra con la vida, también se puede utilizar como motivador para romper el hielo.

2. ¿QUÉ DICE LA BIBLIA?

La sección «La Biblia dice» comprende la mayor parte de cada sesión e incluye el texto principal de la Escritura junto con explicaciones de palabras clave e ideas dentro de ese texto.

Esta sección también presenta preguntas e incluye la mayoría del contenido diseñado para fomentar el diálogo y mantener la interacción dentro del grupo.

Estas preguntas fomentan el pensamiento crítico, así que asegúrate de permitir un período de silencio para que los participantes procesen cada pregunta y formen una respuesta.

3. APLICA LA SESIÓN A TU VIDA

La sección final se enfoca en la aplicación, usando declaraciones resumidas con viñetas para responder la pregunta: ¿Y ahora qué? Como líder, prepárate para desafiar al grupo a aplicar lo que aprendieron durante la conversación y a transformarlo en acción a lo largo de la semana.

La Guía del líder de Fuego de Dios también contiene preguntas de seguimiento y actividades opcionales que pueden ser útiles para tu grupo, si el tiempo lo permite.

SESIÓN 1: EL ESPÍRITU SANTO CONTINÚA LA OBRA DE JESÚS

PREPARA LA LECCIÓN

ESTUDIO BÍBLICO PERSONAL PARA EL LÍDER

Miguel hablaba con algunos excompañeros de trabajo, quienes expresaban pesar por su despido. «En verdad no lo esperaba y fue un duro golpe. Como saben, desde hace un par de años me sentía bastante frustrado con mi trabajo. Mi supervisor nunca me reveló sus expectativas y nunca estaba satisfecho con mi esfuerzo para cumplir con lo que se me pedía. Era una situación realmente angustiosa. Estaba siempre en el lugar del perdedor. Mi esposa me sugirió varias veces que buscara otro empleo. Una vez que me desvinculé de la compañía, opinó que yo nunca habría dejado ese sitio por decisión propia. Y, ¿saben qué? Probablemente tenga razón. No estoy seguro de lo que Dios tiene preparado para mí, pero me siento entusiasmado cuando pienso en lo que habrá por delante».

Los discípulos de Jesús quedaron atónitos ante la noticia de que los dejaría. Por sí mismos, nunca habrían elegido que Jesús se fuera. Sin embargo, Él les aseguró que tendrían un futuro emocionante. No los dejaría solos; recibirían el Espíritu Santo, quien continuaría con Su obra en y por medio de ellos.

Toma un momento para introducirte en la escena de Juan 14 y 16. Jesús y Sus discípulos estaban reunidos alrededor de la mesa de la Pascua y compartían su última cena juntos antes de Su crucifixión. Los discípulos aún estaban confundidos por las enseñanzas del Señor respecto a los sufrimientos que les esperaban. Reflexiona sobre el impacto emocional que probablemente sufrieron los discípulos. Supongamos que eres uno de los doce y acabas de oír la promesa de Jesús de que estará contigo por medio del Espíritu Santo y continuará Su obra en tu vida. ¿Qué significado crees que habría tenido en ese entonces Su promesa para ti? ¿Qué significa en este momento?

ENSEÑA LA LECCIÓN

Paso 1: Introducción

- Explica: La serie de estudios para este mes se enfoca en la obra del Espíritu Santo de crear nueva vida y dar poder a los creyentes para que vivan libres del pecado y de la muerte. Los objetivos de este tema son: ayudarnos a permitir que el Espíritu Santo continúe la obra de Jesús a través de nosotros, impulsarnos a valorar la nueva vida que el Espíritu otorga a quienes creen en Jesús, inspirarnos a vivir como Dios desea con la extraordinaria ayuda del Espíritu Santo que mora en nosotros y guiarnos para que nos convirtamos en cristianos maduros.
- Explica: Como es evidente por el título del tema, este mes hablaremos sobre el Espíritu Santo. Tengamos una lluvia de ideas para compartir lo que sabemos de Él. Escribe las respuestas en la pizarra.
- Explica: Al estudiar, veremos cuán precisos hemos sido. También podremos agregar a nuestra lista lo que aprendamos hoy sobre el Espíritu Santo.

Paso 2: Mora en los creyentes (Juan 14:15-17)

- Pide a un voluntario que lea Juan 14:15-17. Ahora lee la tercera estrofa del himno «¡Oh Padre, Eterno Dios!», el número 2 del Himnario Bautista (esta estrofa comienza con las palabras «¡Espíritu de Dios!»).

  ¡Espíritu de Dios! Escucha nuestra voz;
  y tu bondad derrame en nuestro ser divina claridad,
  para poder vivir en santidad.

  Luego solicita a los estudiantes que encuentren la sección Palabra clave en la página 6, resuman el contenido e intercambien opiniones sobre la analogía de un asistente legal o un abogado para describir al Espíritu Santo. Pregunta: ¿Qué implica esta analogía en cuanto a lo que el Espíritu Santo puede hacer por nosotros? Destaca que la palabra Consolador puede también traducirse como Consejero. Pregunta a los miembros del grupo qué implican las palabras Consejero y Consolador en relación con lo que el Espíritu Santo hará por nosotros. Pregunta: En Juan 14:15-17, ¿qué cuestiones menciona explícitamente Jesús que el Espíritu Santo hará por nosotros? ¿Cómo nos ayuda esto a ser mejores seguidores de Jesucristo?

  Explica: Una mano hace posible que un guante haga toda clase de funciones que de otro modo no podría hacer y la batería en una linterna provee la energía que le permite alumbrar. Estas analogías no son perfectas, pero nos ayudan a entender mejor algunas de las obras del Espíritu Santo para ayudar a los creyentes. Los cristianos no se convierten en marionetas, porque deben someterse de forma voluntaria a Él. Cuando lo hacen, el Consolador debe recibir el crédito de todo lo que suceda. Así es posible constatar cómo se hace evidente la influencia de Dios en las vidas de los creyentes. Destaca que el Espíritu Santo nunca podría alentar a un cristiano a hacer algo contrario a la Biblia. Enfatiza también que la obediencia al Señor es la evidencia de la obra del Espíritu Santo en un hijo de Dios. Explica: Hemos visto en estos versículos que el Espíritu vive en los creyentes. En los siguientes aprenderemos algo más de lo que Él hace.

- Sugerencias para el diálogo (Juan 14:15-17). Pregunta: ¿Qué dice la sección Palabra clave sobre el término Consolador? Explica: La palabra traducida como Consolador también puede traducirse como Consejero. ¿Cuáles son algunas semejanzas y diferencias entre un consejero terrenal y nuestro Consejero celestial? ¿Por qué, según tu opinión, los cristianos con frecuencia no permitimos, ni aceptamos de forma plena la dirección del Espíritu Santo? Explica los paralelos que existen entre un padre y un hijo y el Espíritu Santo y un nuevo creyente. ¿Cuáles son algunas de las ventajas y beneficios de ser llenos del Espíritu Santo?

Paso 3: Enseña la verdad (Juan 14:25-26; 16:12-15)

- Pide a un voluntario que lea Juan 14:25-26; 16:12-15. Pregunta: ¿Qué aprendemos del Espíritu Santo en estos versículos? Destaca la importancia de la palabra verdad en el versículo 13. Pregunta: ¿Cuáles son algunas verdades absolutas que afirmamos como cristianos? (Para mayor información sobre la verdad absoluta, lee el material incluido en las sugerencias para el diálogo en este paso). Destaca que un aspecto principal de la tarea del Espíritu Santo es transmitir la verdad sobre Jesús. Pregunta: ¿Cuáles son algunas de las verdades sobre Jesús que el Espíritu Santo nos comunica a nosotros y a los incrédulos en quienes produce convicción de pecado?

- Sugerencias para el diálogo (Juan 14:25-26; 16:12-15). Pregunta: ¿Qué es la «verdad absoluta» para ustedes? Señala que una verdad absoluta se refiere a valores, principios y verdades que se aplican a todas las personas en todos los tiempos y todos los lugares. Destaca que, además, tiene sus raíces en el carácter de Dios y, puesto que Dios no cambia, la verdad no cambia. Explica: «No matarás» es un mandamiento, porque Dios es la vida y el autor de la vida, y asesinar a alguien es una violación del carácter de Dios. Continúa: La verdad sobre Jesús es absoluta porque Él es Dios y todas las personas, sin importar cuándo nacieron y dónde viven, son responsables de rendir cuentas ante Dios y deben decidir que harán con Él. En otras palabras, sí importa lo que alguien cree sobre Jesús; no todas las creencias sobre Él son válidas por igual. ¿Por qué? Porque hay afirmaciones absolutamente ciertas sobre Jesús; entre ellas, Su condición de Hijo de Dios, Su condición de no tener pecado, Su muerte por la humanidad y Su resurrección de entre los muertos. Destaca que el Espíritu Santo confirma y afirma estas verdades sobre el Hijo.

- Pregunta: ¿Cuán importante es que una persona aprenda la verdad sobre Jesús? Señala que la necesidad crítica que tiene el ser humano de conocer esta verdad destaca la importancia de la obra del Espíritu Santo de guiarnos a ella. Explica: El Espíritu Santo quiere usar a los creyentes para transmitir al ser humano lo que necesita saber sobre Jesús. Por eso guía a las personas al Señor. Debemos estar disponibles para ser usados por el Espíritu Santo con este fin.

Paso 4: Convence al mundo (Juan 16:7-11)

- Explica: Hemos aprendido que el Espíritu Santo continúa la obra de Jesús al vivir en los creyentes y enseñar la verdad. Ahora leamos en silencio Juan 16:7-11 y observemos algo más que hace el Espíritu. Convence de pecado al mundo. Concede a los participantes tiempo suficiente para leer y luego comenta: Escuchen este relato verídico de cómo el Espíritu Santo convenció a una persona en la China: «Las parábolas del Nuevo Testamento se recreaban a través de toda China. El Espíritu Santo tocaba a un "joven rico" moderno (ver Lucas 18:18-23), pero este se resistía a consagrarse por completo a Cristo. Como pertenecía a una familia de buena posición económica y gozaba de cierto prestigio, luchaba con el concepto de renunciar a todo para seguir a Cristo. Finalmente, cuando decidió morir al yo a fin de vivir para el Señor, se produjo una gran transformación en su vida. Fue bautizado y está cooperando en trabajo ministerial vital que facilitará la tarea de compartir las buenas nuevas entre la minoría étnica a que pertenece». Pregunta: ¿De qué manera el Espíritu Santo continúa la tarea de Jesús por medio de este joven? Pide a voluntarios que compartan experiencias en que el Espíritu Santo los convenció y les enseñó nuevas verdades. Prepárate para compartir un testimonio personal si no hubiera voluntarios.

- Sugerencias para el diálogo (Juan 16:7-11). Pregunta: ¿Cuál es la diferencia entre una conciencia culpable y la convicción de pecado? ¿Hay alguna posibilidad de que las dos estén relacionadas? Por ejemplo, ¿usa el Espíritu Santo alguna vez nuestra conciencia para traernos convicción debido a que somos culpables? Explica: ¿Es posible que algunas veces nos sintamos culpables sin serlo; porque todos nuestros pecados han sido perdonados y no tenemos pecado sin confesar a Dios? Explica: ¿Cómo produce el Espíritu Santo convicción en el mundo actual? ¿De qué manera permiten que el Espíritu Santo continúe la obra de Jesús a través de ustedes?

CONCLUSIÓN

Explica: Espero que la lección de hoy les haya dado razones para reafirmar la decisión de permitir que el Espíritu Santo continúe la obra de Jesús a través de ustedes. Luego indica: Escriban en una hoja la siguiente afirmación: «Esta semana el Espíritu Santo continuó la obra de Jesús a través de mí al ______________________________» y completen durante la semana. Todos estaremos ansiosos de saber cómo cada uno de nosotros completó esa frase. Todos seremos alentados al oír cómo el Espíritu Santo obra a través de nosotros. Para finalizar, ora y pide a Dios que ayude a todos los creyentes a someterse al Consolador.

SESIÓN 2: EL ESPÍRITU SANTO DA NUEVA VIDA

PREPARA LA LECCIÓN

ESTUDIO BÍBLICO PERSONAL PARA EL LÍDER

Docenas, si no cientos de libros de autoayuda salen a la venta cada año. Todos aconsejan sobre cómo cambiar nuestra vida para mejor; cómo ser una «nueva versión de ti». Parte del consejo carece por completo de valor, pero otra es válida en alguna medida. Por ejemplo, comer alimentos nutritivos con moderación y ejercitar el cuerpo en forma regular, por lo general conducen a una excelente salud y ayuda a las personas a sentirse mejor tanto a nivel físico como emocional. En algunos casos, estos cambios en el estilo de vida pueden ser duraderos, sin embargo, para la mayoría no lo son. Y aun si lo fueran, la «nueva versión de ti» en realidad es la misma vieja persona.

Sin embargo, hay un libro que enseña cómo el ser humano puede cambiar su vida para mejor desde ahora en adelante. Por supuesto, este libro es la Biblia. Ella nos enseña cómo experimentar un cambio tan completo que se lo describe como «nacer de nuevo». Este estudio bíblico se enfoca en versículos bíblicos destinados a confirmar que ahora experimentamos la nueva vida que el Espíritu Santo da a quienes creen en el Señor Jesucristo.

ENSEÑA LA LECCIÓN

Paso 1: Introducción

- Pide a los participantes que tengan a la mano la hoja con la frase «El Espíritu Santo continuó la obra de Jesús a través de mí» que completaron a lo largo de la semana, y alístate para compartir sus experiencias. Pide a voluntarios que den testimonio de la manera que el Espíritu Santo continuó la obra de Jesús a través de ellos durante la semana que pasó.

- Explica: «Año nuevo, vida nueva». Con frecuencia escuchamos esta expresión al comienzo del año, en especial de parte de quienes no estuvieron contentos con lo que sucedió el año anterior (¡y aun con la vida misma!) y sienten que necesitan hacer algo nuevo para sentirse mejor. Para ese cambio, algunos se consagran a la terapia de grupo, otros practican métodos para ayudarse a sí mismos y hay quienes se vuelcan a la religión e intentan así ganar de alguna manera su salvación. La Biblia señala con gran claridad que nuestra única esperanza de una vida nueva está en Cristo. Todos hemos pecado y necesitamos nacer de nuevo. (Puedes contarles cómo tú lograste llevar a cabo este reinicio y puedes compartir tu testimonio en este momento). Destaca el papel del Espíritu Santo. Después, informa a los participantes que el estudio bíblico de hoy los ayudará a entender la función del Espíritu Santo en la salvación. También los ayudará a asegurarse de que han puesto su fe en Jesús como Salvador.

Paso 2: Efectúa el nuevo nacimiento (Juan 3:3-8)

- Pide a un voluntario que lea Juan 3:3-8. Utiliza la sección Palabra clave (en la página 16) y señala que la expresión «nacer de nuevo» también puede traducirse como «nacer de lo alto». Pide a estudiantes con anticipación que den sus testimonios. También pueden leer testimonios de diferentes personas en su iglesia. (Para eso, tú deberás llamarlos antes y escribir los testimonios de ellos tal como te los narraron). A continuación, guía al grupo a entender que uno de los hilos conductores comunes en todas estas experiencias es la convicción que produce el Espíritu de Dios.

- Explica: Después de escuchar el testimonio de una conversión dramática uno podría creer que su testimonio es poco importante en comparación y que no es de valor para otros. Analicemos dos experiencias de conversión por completo diferentes que encontramos en la Biblia y veamos lo que podemos aprender de ellas. Todos recordamos la conversión dramática de Pablo. Piensen en el contraste entre esa experiencia y la de Timoteo, quien creció en un hogar cristiano. Sin embargo, en ambas vidas participó el Espíritu Santo. Aunque son diferentes, las dos conversiones son igualmente válidas y reales. Ningún testimonio es insignificante, porque cada uno representa una experiencia auténtica de nacer a la familia de Dios.

- Explica: Ser testigo tanto del nacimiento físico de un bebé como del nacimiento espiritual de un creyente son vivencias inolvidables. Escuchen el siguiente relato de una experiencia de la vida de Margie Carothers, una misionera en Guatemala: «Margie había sido cliente durante muchos años en un negocio de venta de ropas de un matrimonio coreano. Conocía a los dueños, pero siempre había una barrera con el idioma. Recientemente, un equipo médico coreano llegó para trabajar con la convención bautista en la zona donde servía Margie, y ella y su esposo Ron fueron intérpretes para los visitantes. Ron pidió al pastor del grupo que fuera con ellos a visitar a los dueños del negocio. El pastor Chung abrió la Palabra de Dios y comenzó a testificar al matrimonio en su propio idioma. Al cabo de unos 30 minutos, el pastor se dirigió a Margie y Ron y les dijo que sus dos amigos querían recibir a Jesús como su Señor y Salvador. Mientras se arrodillaban para orar, Margie comprendió cuán grande era el honor de estar esa tarde en "la sala de partos del cielo" y ver al Espíritu Santo llevar a cabo dos nuevos nacimientos».

- Sugerencias para el diálogo (Juan 3:3-8). Pregunta: ¿Qué semejanzas existen entre un nacimiento físico y un nacimiento espiritual?

- Lee esta afirmación y analícenla juntos: Aunque tendemos a pensar en algunas conversiones espirituales como «realmente dramáticas» y otras como «demasiado comunes», no parece apropiado creer que ninguna sea común cuando entendemos que hablamos de un nacimiento; ¡ningún nacimiento es común! ¿Cómo compararían las conversiones de Pablo y Timoteo?

- ¿Qué podemos aprender de la vida de Nicodemo? ¿Qué nos dice 2 Corintios 5:17 sobre el nuevo nacimiento? ¿Cuál es el papel del Espíritu Santo en este nacimiento? (ver Juan 1:10-13; 3:3-8).

Paso 3: Da una nueva naturaleza (Romanos 8:1-6)

- Prepara un gráfico en una hoja de papel: dibuja dos columnas y escribe los siguientes títulos (uno en cada una): «La vida según la carne» y «La vida según el Espíritu». Prepara una copia para cada participante). Pide a un voluntario que lea Romanos 8:1-6 y pide a los participantes que anoten descripciones de estas dos clases de vida según lo que Romanos 8:1-6 nos enseña. Después de unos minutos, analicen lo escrito por los estudiantes en sus papeles. (Posibles respuestas: La vida según la carne: condenación, sigue los dictados de la naturaleza pecaminosa, la mente puesta en lo que la naturaleza pecaminosa desea, el pensamiento es la muerte, la naturaleza pecaminosa es hostil para con Dios, no puede agradar a Dios. La vida según el Espíritu: no hay condenación, vive según los dictados del Espíritu, la mente está centrada en lo que el Espíritu desea, el pensamiento es la vida y la paz). Explica: este gráfico nos muestra de forma clara cómo nuestras existencias son diferentes a causa de la nueva vida en Cristo que nos da el Espíritu Santo.

- Sugerencias para el diálogo (Romanos 8:1-6). Pregunta: ¿Qué significa estar «en Cristo»? ¿Creen ustedes que existe una relación directa entre nuestro pensamiento y el modo en que vivimos? ¿Por qué?

- Pide a los participantes que lean los versículos 3 y 4. Pregunta: ¿Qué no podía hacer la ley, que Cristo y el Espíritu Santo sí llevaron a cabo? Destaca que la ley no podía convertir al ser humano en alguien bueno; solo mostrar cuándo había maldad en las personas. Destaca que el Espíritu Santo, sobre la base de lo que Cristo hizo, trae nueva vida y transforma al ser humano desde adentro hacia fuera.

- Pide a los estudiantes que lean el versículo 6 y que señalen la diferencia entre tener una mente carnal y una mente espiritual. Pregunta: ¿Cuán satisfecha de su vida piensan ustedes que estará una persona que tiene una mente carnal? ¿Cuán satisfecho de su vida estará alguien que tiene una mente espiritual? Destaca la importancia de permitir que nuestras mentes (nuestra forma de pensar y nuestras actitudes) sean controladas por el Espíritu de Dios. Pide a los miembros del grupo que analicen sus pensamientos diarios y evalúen quién o qué los controla.

Paso 4: Provee un nuevo destino (Romanos 8:9-11)

- Pide a un participante que lea Romanos 8:9-11. Pide a los demás que tomen sus gráficos sobre «dos formas de vida» que usaron en el Paso 3 y que agreguen más información tomada de estos versículos. (Posibles respuestas: La vida según la carne: hostiles para con Dios; no quiere o no puede someterse a la ley de Dios; no puede agradar a Dios; no pertenece a Cristo. La vida según el Espíritu: el cuerpo está muerto a causa del pecado, pero el Espíritu es vida a causa de la justicia, será resucitada por aquel que levantó a Jesús de entre los muertos).

- Sugerencias para el díalogo (Romanos 8:9-11). Pregunta: ¿En qué manera es diferente tu destino a causa de Cristo? ¿Dónde podrías estar hoy si no hubieras experimentado la nueva vida que el Espíritu Santo te dio? ¿Por qué algunas personas no sienten seguridad de su salvación? Ten en cuenta que dudar de tu salvación no es algo poco común; es más, innumerables cristianos luchan con esto en algún momento de su vida. Destaca que, cuando llegan estos pensamientos de duda (si es que llegan), quien los experimenta debe asegurarse de cuál es su relación con Dios. Pide a un voluntario que comparta su experiencia con respecto a falta de seguridad sobre la salvación o cuenta algo de tu propia vivencia si lo deseas. El paso siguiente ofrecerá más información sobre este tema.

CONCLUSIÓN

Pide a los estudiantes que observen los gráficos de las dos formas de vida que completaron. Explica: Analicen cuidadosamente el gráfico y pregúntense en cuál lado de este se encuentran. ¿Han entrado, en un acto de su voluntad, en una relación personal con Cristo? Si descubres que todavía vives «La vida según la carne», ora en silencio y pide a Cristo que sea tu Salvador. Inclinemos nuestras cabezas para orar en silencio por un momento. Si alguno nunca puso su fe en Jesús como su Salvador, te animo a hacerlo ahora. Si ya lo hiciste, agradece a Dios por entrar en tu vida cuando lo recibiste. Oren también por alguien que ustedes sepan que no ha puesto aún su fe en Jesús. Si desean que ore por alguno de ustedes o por un miembro de su familia, por favor véanme después de la clase y compártanme esa inquietud. Luego de unos momentos de oración silenciosa, ora en voz alta y agradece a Dios por proveer salvación a todos los que creen. Al finalizar este tiempo de oración, señala que podemos confiar en que Dios cumplirá Sus promesas, por ello tenemos la seguridad de que Cristo vive ahora en el corazón de aquellos que lo han recibido sinceramente.

SESIÓN 3:
EL ESPÍRITU SANTO DA PODER A LOS CREYENTES

PREPARA LA LECCIÓN

ESTUDIO BÍBLICO PERSONAL PARA EL LÍDER

«Estoy aprendiendo que yo no soy el centro de todo». Estas son las palabras de Ángela, una cristiana que está aprendiendo a vivir como Dios quiere, por medio del poder del Espíritu Santo que mora en ella. Ángela continuó: «Pensaba que el diezmo pertenecía a Dios y que el resto de mis ingresos eran míos y los podía usar a mi antojo. Esta es solo una de las formas en que yo mantenía el control en lugar de someterme al Señor. Ahora veo que dejaba que mi posición, mi placer, mi conveniencia y mis deseos influyeran en mi estilo de vida más de lo que permitía a Dios influir». Las palabras de Ángela revelan dos cosas importantes que todos los creyentes tienen en común. En primer lugar, luchaba con vivir de acuerdo con el Espíritu y no de acuerdo con la carne (su antigua naturaleza pecaminosa centrada en sí misma). En segundo lugar, el Espíritu Santo obraba en ella para ayudarla a ser más como Cristo.

Este estudio bíblico no es sobre el diezmo y las ofrendas. Es sobre vivir como Dios quiere que lo hagamos. Esto significa dejar que el Espíritu Santo nos dirija. También implica cooperar con Dios a medida que obra en nosotros para hacernos más como Cristo. Debemos aprender a aferrarnos a la promesa del amor del Señor, más allá de lo que nos suceda en este mundo inseguro.

ENSEÑA LA LECCIÓN

Paso 1: Introducción

- Explica: Aunque existe un renovado interés en lo espiritual en nuestra cultura actual, la mayoría de las personas no entienden nada sobre la función del Espíritu Santo. Lamentablemente, aun innumerables cristianos tienen una gran falta de conocimiento del Consolador. No pocos hijos de Dios «se desconectan» cuando se trata de experimentar el poder del Espíritu Santo que mora en nosotros, para ayudarnos a vivir como Cristo. El estudio bíblico de hoy nos permitirá entender mejor lo que el Espíritu Santo hace en y a través de nosotros para que vivamos como Dios espera que lo hagamos.

Paso 2: Vivir como hijos de Dios (Romanos 8:12-16)

- Pide a un voluntario que lea en voz alta Romanos 8:12-16. Solicita a uno o dos voluntarios que hagan un resumen de lo que consideran que es la enseñanza principal de estos versículos.

- Dibuja dos columnas en la pizarra y coloca en una de ellas el siguiente título: «Bendiciones y beneficios». En la otra escribe el título: «Responsabilidades y funciones». Pide a los miembros de la clase que mencionen palabras o frases que describan las bendiciones, los beneficios y los derechos que experimentan los creyentes por ser hijos de Dios. Escribe las respuestas en la columna de «Bendiciones y beneficios».

- Después, solicita a los estudiantes que mencionen palabras o frases que describan las responsabilidades, los deberes y las funciones asignadas a los creyentes por ser hijos de Dios. Escribe las respuestas en la columna de «Responsabilidades y funciones».

- Pregunta: ¿Cómo ayuda el Espíritu Santo a los creyentes a reconocer las bendiciones y cumplir las responsabilidades que resultan del ser hijos de Dios?

- Sugerencias para el diálogo (Romanos 8:12-16). Pregunta: ¿Qué significa «hacer morir las obras de la carne» (v. 13) por el Espíritu? ¿En qué manera práctica los creyentes son «guiados por el Espíritu» a diario? ¿Es cada persona en el mundo un hijo o una hija de Dios? ¿Por qué? ¿Qué enseña la Biblia sobre este tema? Señala que todos los seres humanos pertenecen a Dios en el sentido de que han sido creados por Él, pero no todos pertenecen a la familia de Dios de la fe. Solo aquellos que confían en Cristo han sido adoptados en la familia de Dios.

Paso 3: Cumplir el propósito de Dios (Romanos 8:26-30)

- Pide a un voluntario que lea en voz alta Romanos 8:26-30. Pregunta: ¿Cuál es el propósito de Dios según estos versículos?

- Prepara anticipadamente tarjetas de identificación y en cada una escribe una de las siguientes palabras que funcionarán como nombres: conocido, predestinado, llamado, justificado y glorificado (prepara un número igual de tarjetas para cada nombre). Distribúyelas al azar entre los participantes. Pídeles que formen grupos según las palabras que tienen en sus tarjetas. Provee papel y lápiz para cada equipo.

- Pide a cada grupo que analice y defina el significado de la palabra asignada. Aliéntalos a utilizar el comentario de la lección, las concordancias bíblicas y otros materiales de referencia que quieras proporcionarles.

- Al cabo de unos minutos, solicítales que compartan la definición de la palabra asignada. Analicen 1) cómo lo que Dios hace a favor de los creyentes los ayuda a ser más como el Hijo de Dios (y a cumplir Su propósito para Su pueblo) y, 2) cómo los creyentes pueden tomar más conciencia de cada una de estas ayudas en sus vidas.

- Recuerda a los estudiantes que el propósito fundamental de Dios es hacer que los seres humanos nos parezcamos a Jesús en carácter, actitudes y conducta (v. 29). Explica: Las cinco palabras escritas en las tarjetas de identificación describen cómo el Padre lleva a cabo Su propósito de salvación en nuestras vidas a través de la obra del Espíritu Santo.

- Pregunta: ¿De qué manera la intercesión del Espíritu Santo a favor de los creyentes los ayuda a cumplir el propósito de Dios? Utiliza la sección Palabra clave (en la página 26) para aportar elementos al diálogo.

- Sugerencias para el diálogo (Romanos 8:26-30). Pregunta: ¿Qué significa que «el Espíritu nos ayuda en nuestra debilidad» (v. 26)? ¿Qué nos enseñan los versículos 26-27 sobre la oración? ¿Qué relación existe entre los versículos 27 y 28? Pide a los participantes que definan en sus palabras el mensaje y el significado del versículo 28.

Paso 4: Afirmar el amor de Dios (Romanos 8:35-39)

- Pide a un voluntario que lea en voz alta Romanos 8:35-39. Escribe en la pizarra palabras o frases de los versículos 35, 38-39 que representen personas o cosas que no pueden separar a los creyentes del amor de Cristo. Solicita a los participantes que compartan ejemplos de sus experiencias (o ejemplos que han visto u oído) que se relacionen con cada palabra. Dicho de otro modo, pregunta: ¿Qué experiencias han tenido otras personas que demuestran que lo mencionado por Pablo en estos versículos es real?

- Pregunta: ¿Por qué estas cosas no tienen poder para separar a los creyentes del amor de Cristo? ¿Cómo ayuda el Espíritu Santo a los cristianos cuando enfrentan situaciones como estas y aun otras difíciles? Alienta a los participantes a recordar que nada podrá separarlos del amor del Señor durante las próximas semanas y meses, cuando enfrenten circunstancias difíciles.

- Sugerencias para el diálogo (Romanos 8:35-39). Pregunta: ¿Qué significa el versículo 36? ¿Cómo encaja con los otros versículos de este pasaje? ¿Cómo pueden los creyentes enfrentar la muerte «todo el tiempo» y aun así tener la victoria? ¿Qué función desempeña el Consolador en mantener a los creyentes unidos al amor de Cristo? ¿Qué enseñan estos versículos sobre el poder del amor de Dios en la vida de un creyente?

CONCLUSIÓN

Invita a voluntarios a compartir ejemplos recientes del modo en que fueron conscientes del obrar del Espíritu Santo en sus vidas. Distribuye lápices y tarjetas de 3"x5"; repasa cada uno de los títulos del bosquejo de esta lección. Pregunta: ¿Para el cumplimiento de cuáles de estos temas consideran que necesitan ayuda especial del Espíritu Santo de Dios que mora en ustedes? Pide a los estudiantes que escriban oraciones breves al Señor pidiéndole ayuda en las áreas que señalaron. Aliéntalos a repetir diariamente sus oraciones. Para terminar, ora y da gracias a Dios por el poder del Espíritu Santo que nos ayuda a vivir como cristianos verdaderos, algo que de otro modo sería imposible de experimentar.

SESIÓN 4: EL ESPÍRITU SANTO PROVEE SABIDURÍA

PREPARA LA LECCIÓN

ESTUDIO BÍBLICO PERSONAL PARA EL LÍDER

¿Has notado con cuánta facilidad los cristianos podemos descuidar la visión y ocuparnos de pequeñeces? El color de la alfombra puede llegar a ser más importante que los perdidos que caminen sobre ella para hacer una pública profesión de fe en Cristo. El control puede ser más importante que la contrición. Ganar una votación en una reunión administrativa puede llegar a ser más crucial que mantener la unidad del Espíritu entre los creyentes. Estas situaciones acontecen cuando el orgullo egoísta ciega al ser humano y lo torna insensible a su pobreza espiritual y a sus obligaciones con un mundo perdido. Muchos cristianos de Corinto habían perdido la visión. Se dividían en facciones e imponían sus prioridades; no las del Señor. Pablo llamó a estos creyentes a enfocarse nuevamente en Cristo y en Sus propósitos. El Espíritu Santo había manifestado el poder de Dios al salvarlos. No debían dejarse arrastrar por la sabiduría del mundo, sino vivir conforme a la sabiduría de Dios.

Nosotros enfrentamos el mismo desafío en la actualidad. Mientras la sabiduría del mundo busca seducirnos, debemos prestar atención a la Palabra de Dios y al Espíritu Santo. El Espíritu es el que provee la sabiduría que necesitamos para servirlo del modo correcto y crecer espiritualmente. Es mi esperanza y oración que este estudio bíblico te ayude a reconocer al Consolador como la fuente de genuina sabiduría. Asimismo, oro y confío en que te impulse a comprometerte, a recibir cada día esta sabiduría y a madurar como cristiano. Si hemos creído en el Señor, no necesitamos la sabiduría de ninguna otra persona. ¿Por qué? Porque tenemos la de Dios en y a través del Espíritu Santo.

> **A medida que avanzas en la lección, ten en mente dos preguntas. Cuando completes el estudio, tendrás oportunidad de responder las preguntas y escribir algunas respuestas. En primer lugar: ¿Qué nuevos recursos está dándome este estudio para ser más eficaz para enseñar a mi grupo? En segundo lugar: ¿Cuáles de mis métodos de enseñanza debo continuar utilizando y cuáles debo cambiar?**

ENSEÑA LA LECCIÓN

Paso 1: Introducción

- Escribe en la pizarra la siguiente pregunta: ¿Qué es la sabiduría? Dirige a los participantes en un diálogo cuya meta sea elaborar una definición bíblica al respecto. Escribe la definición a un lado de la pizarra.

- Explica: No pocos adultos en el mundo se esfuerzan por aumentar su conocimiento por medio del estudio y de diversas clases de capacitación. Otros buscan experiencias espirituales que en su opinión servirán para mejorar sus vidas. Aun los creyentes pueden perseguir formas humanas de sabiduría en lugar de buscar la sabiduría divina que viene del Espíritu Santo. El estudio bíblico de hoy nos alienta a descansar en el Consolador para recibir de Él sabiduría mientras caminamos en la vida cristiana.

Paso 2: Anunciar las buenas nuevas (1 Corintios 2:1-5)

- Explica: Un área en que podemos ver la sabiduría de Dios es Su camino de salvación. Pide a un voluntario que lea en voz alta 1 Corintios 2:1-5. Solicita a los estudiantes que tengan una lluvia de ideas sobre cómo los no cristianos buscan salvación y dirección para la vida. Escribe las respuestas en la pizarra. Pregunta: ¿Por qué quienes no creen piensan que estas acciones son sabias y, sin embargo, Dios las considera necias? ¿Cuál es el camino de salvación que Dios proveyó? ¿Por qué esto parece insensato para los incrédulos?

- Dirige la atención de los estudiantes al segmento Palabra clave, en la página 41. Resume esta sección y destaca la siguiente frase incluida en ella: «habilidad para vivir». Utiliza, según sea necesario, la lista que tu clase acaba de elaborar, para advertir sobre la diferencia que existe entre la sabiduría del mundo (habilidad para vivir que, al fin y al cabo, es errónea y no confiable) y la sabiduría divina (la habilidad que Dios da para vivir). Para el diálogo puedes incluir Proverbios 14:12.

- Solicita a los participantes que recuerden y mencionen situaciones en el ministerio de Jesús en que Sus palabras y acciones demostraron sabiduría. Pregunta: ¿Cómo demostrarían ustedes sabiduría al compartir las buenas nuevas de Cristo con alguien? ¿Cómo pueden obtener la sabiduría que necesitan para testificar de Cristo? Señala que recibir la sabiduría del Espíritu Santo al dar testimonio no elimina la necesidad de los creyentes de capacitarse para compartir su fe. Enfatiza los beneficios de la instrucción para el evangelismo, incluida la capacitación en programas de evangelismo y discipulado, si están implementados en tu iglesia.

- Sugerencias para el diálogo (1 Corintios 2:1-5): Ten presente que estos versículos revelan el modelo de Pablo para comunicar el evangelio. Pide a los estudiantes que describan ese modelo en sus palabras. Pregunta: ¿Cuál era la motivación de Pablo? ¿Qué enseñanzas o advertencias ven ustedes en estos versículos para los creyentes cuando anuncian las buenas nuevas en la actualidad? ¿Cuál es la función del Espíritu Santo en nuestras vidas cuando compartimos el evangelio?

Paso 3: Comprender la sabiduría de Dios (1 Corintios 2:6-10)

- Pide a un voluntario que lea en voz alta 1 Corintios 2:6-10. Pregunta: ¿Qué influencias tienden a cegar a las personas a la verdad del misterio de Dios? ¿Qué función desempeña el Espíritu Santo en hacer conocer y entender el misterio de Dios?

- Pide a los estudiantes que sugieran cualidades o acciones que describan la madurez espiritual. Pregunta: ¿Cuál es la relación entre la madurez espiritual, el Espíritu Santo y la capacidad de entender la sabiduría de Dios?

- Sugerencias para el diálogo (1 Corintios 2:6-10). Pregunta: En el versículo 7, ¿a qué se refiere la expresión «sabiduría de Dios en misterio»? ¿Estaba la sabiduría de Dios escondida, en el sentido de que Él la guardaba como un secreto o más bien el ser humano era incapaz de entender lo que Dios expresaba? ¿Cuál es la interpretación común del versículo 9 y cuál, según tu consideración, es su significado en el contexto de estos versículos? (Para una comprensión más amplia de esta pregunta, ver el comentario sobre el versículo 9 en la página 40). ¿Cómo puede una persona tener mayor deseo (y mayor comprensión) de «lo profundo de Dios» (v. 10)?

Paso 4: Ejercer discernimiento santo (1 Corintios 2:11-16)

- Pide a un voluntario que lea en voz alta 1 Corintios 2:11-16. Dibuja dos columnas en la pizarra. Escribe los siguientes títulos: en una, «Natural» y en la otra, «Espiritual». Escribe en una lista a la izquierda de ambas columnas las expresiones y términos que aparecen a continuación: Toma de decisiones, ambición, relaciones, posesiones, salvación, aflicción, tiempo y muerte. Pide a los estudiantes que sugieran palabras o frases que describan cómo las personas con una mente natural podrían entender estas expresiones. Escribe las respuestas debajo del título «Natural». Repite el ejercicio para la persona espiritual y escribe las respuestas en la columna titulada «Espiritual».
- Pregunta: ¿Qué conceptos comparó Pablo en estos versículos? ¿Qué enseñanzas descubren en este pasaje que tienen aplicación específica a sus vidas?
- Recuerda a los participantes que, como creyentes, debemos crecer en madurez espiritual y ejercitar el discernimiento piadoso en nuestras decisiones y en las relaciones con los demás. Alienta a los participantes a confiar en la sabiduría que el Espíritu Santo da por medio de la oración y el estudio de la Palabra de Dios.
- Sugerencias para el diálogo (1 Corintios 2:11-16). Pregunta: ¿Cuál es la enseñanza que Pablo quiso resaltar en el versículo 11? ¿A qué creen que se refería Pablo al mencionar en el versículo 12 «lo que Dios nos ha concedido»? ¿Cuál es el significado de la declaración de Pablo en el versículo 15? ¿Qué significa tener la mente de Cristo (v. 16)?

CONCLUSIÓN

Distribuye lápices y tarjetas de 3"x5" entre los estudiantes. Solicítales que escriban en las tarjetas palabras que representen cómo completarían la siguiente frase: «Una situación en mi vida en que necesito la sabiduría de Dios es...» Invita a estudiantes a compartir lo que escribieron. Para terminar la sesión, pide a alguien del grupo que ore y que en su plegaria tenga en cuenta las situaciones indicadas por otros participantes. Alienta a todos a conservar sus tarjetas. Pídeles que anoten en ellas modos en que Dios les proveyó sabiduría y que las traigan para compartir sus experiencias la siguiente semana.

SESIÓN 5: EL ESPÍRITU SANTO ES ESENCIAL PARA LA VIDA SANTA

PREPARA LA LECCIÓN

ESTUDIO BÍBLICO PERSONAL PARA EL LÍDER

Se cuenta la historia de un leñador que se convirtió en un increíble «burro de carga». Su capataz estaba asombrado por la cantidad de árboles que podía derribar solo con una sierra común. Así que, calculó que su empleado podría duplicar su producción con un equipo más avanzado, y le entregó una motosierra. Luego de esto, la cantidad de árboles derribados por el empleado se redujo a la mitad. El capataz pensó que había algún problema con la motosierra, y la encendió para investigar cuál era el inconveniente. Al oír el rugido del motor, el leñador preguntó: «¿Qué es ese ruido?». El hombre había usado la motosierra sin arrancar el motor.

Cuando las personas se rinden a Cristo reciben el Espíritu Santo que las dota de poder para vivir en santidad. Sin embargo, en lugar de vivir según el poder sobrenatural de Dios y crecer a pasos agigantados en esta nueva relación, innumerables cristianos quedan atascados al tratar de obrar a la manera de Dios, pero con sus propias fuerzas. No existe poder mayor que el del Espíritu Santo (quien mora en el corazón de cada creyente). Sin embargo, puede ocurrir que no dependamos de Él, sino que nos apoyemos en nuestras habilidades y fortalezas. Cuando hacemos esto, nos inclinamos hacia un fracaso seguro. Este estudio nos enseña que podemos vivir una vida santa con el poder del Espíritu de Dios que está en nosotros.

ENSEÑA LA LECCIÓN

Paso 1: Introducción

- Antes de que lleguen los estudiantes, coloca las sillas en forma desordenada de modo que no exista un camino definido para transitar entre ellas. Cuando inicie la clase, instruye a un participante para que te reciba en la puerta. Ponle una venda en los ojos y luego pídele que camine alrededor del salón de clase. Cuando el voluntario haya embestido a dos o tres personas u objetos, comenta sobre la dificultad que este experimenta en su desplazamiento por el salón. Di al voluntario: «Podemos entender tu problema, porque hemos cambiado la disposición del salón de clase; te quitamos tu capacidad de ver y no tienes a nadie que te guíe». Mientras el estudiante continúa con los ojos vendados, pide a un segundo compañero que conduzca al primero a través de los obstáculos. Luego solicita al estudiante que no podía ver que describa el alivio que sintió cuando finalmente recibió ayuda.

Paso 2: El Espíritu de Dios transforma nuestra manera de pensar (Romanos 8:5-9)

- Invita a un voluntario para que lea en voz alta Romanos 8:5-9.

- Puedes decir lo siguiente: «Este pasaje trata sobre dos senderos divergentes cuyos ofrecimientos son innumerables y diversos. Además, conducen a dos situaciones realmente distintas. Pide a los estudiantes que mencionen los senderos, algunas de las cosas que cada uno ofrece y el destino al que conduce cada uno de ellos.

- Con la ayuda del comentario impreso, explica lo que Pablo quiso afirmar con «conforme a la carne» y «conforme al Espíritu». Señala que cada uno se refiere a un modo específico de pensar. Pregunta: «¿Cuáles son algunas de las "cosas de la carne" en que "piensan" quienes "son de la carne"? ¿Cuáles son algunas de "las cosas del Espíritu" en que piensan "los que son del Espíritu"?».

- Lee nuevamente los versículos 7-8 y explica lo que quiso decir Pablo con «enemistad contra Dios». Luego lee una vez más el versículo 9. Pregunta: «Si el Espíritu Santo vive en nosotros, ¿podemos pensar y actuar como los que no son cristianos? ¿Por qué? ¿Cómo evitamos tener un modo de pensar carnal?».

- Distribuye papel y lápices o bolígrafos. Escribe lo siguiente en la pizarra: comida, automóvil, deporte, lugar de vacaciones. Pide a los estudiantes que escriban en cada categoría lo que más les gusta y luego rodeen con un círculo el elemento de su lista del que suponen que la mayoría de sus compañeros ignoran su inclinación.

- Invita a dos voluntarios. Pide a uno que nombre el elemento favorito de la otra persona (según él cree) en una categoría en particular. Luego, le preguntarás al otro. Pon a prueba el conocimiento de los participantes entre sí, repite el ejercicio con otros voluntarios. Explica que no importa cuánto o cuán poco sepamos unos de otros, Dios nos conoce a todos íntimamente.

  Sugerencias para el diálogo sobre Romanos 8:5-9:

  1. ¿Cómo describirían el camino del Espíritu, incluyendo las experiencias que ofrece, las prioridades que alienta y la calidad de realización que proporciona?

  2. ¿Cómo describirían el camino de la carne, incluyendo las experiencias que ofrece, las prioridades que alienta y la calidad de realización que proporciona?

3. ¿Cómo describirían el modo de pensar que gobierna en términos generales sus vidas?

4. ¿Es posible conocer el modo de pensar de un ser humano al observar sus acciones o aspecto? ¿Por qué? ¿Qué elementos nos proporcionan claves de la forma de pensar de alguien?

Paso 3: El Espíritu de Dios nos dota de poder (Romanos 8:10-13)

- Invita a un voluntario para que lea en voz alta Romanos 8:10-13.
- Pregunta: «Según estos versículos, ¿qué clase de efecto produce la presencia de Cristo en una persona? En otras palabras, ¿qué hace Cristo por los que son Suyos?». Dirige la atención de los participantes a la palabra «vivificará» en el versículo 11. Explica su significado. Lee la siguiente cita del líder cristiano Ravi Zacharias: «Jesucristo no vino a este mundo para que las personas malas se hagan buenas. Vino a este mundo para que las personas muertas vivan».[2]
- Añade lo siguiente: «Aunque la salvación es gratuita, no está libre de obligaciones». Pregunta: «¿Qué obligaciones impone la salvación a un creyente?». Lee 1 Corintios 6:19-20. Pregunta: «¿Por qué los cristianos con frecuencia viven como si tuvieran obligaciones con la carne aun cuando estos apetitos pueden destruirlos si no se los maneja adecuadamente?». Explica: «Porque el Espíritu Santo vive y obra en nosotros, no tenemos excusa para vivir según la carne». Pide a los estudiantes que sugieran cómo el Espíritu Santo puede ayudarlos a resistir a Satanás.
- Dirige un intercambio de ideas sobre lo que Dios espera que los cristianos hagan en el proceso de la santificación. Invítalos a mencionar cómo los creyentes pueden crecer en su semejanza con el Hijo.

  Sugerencias para el diálogo sobre Romanos 8:10-13:

1. ¿A qué ha dado vida Cristo en cada creyente? ¿Cuáles son las implicaciones prácticas de esto en la vida de un cristiano?

2. Mencionen algunas cosas que son gratuitas, pero que de todos modos imponen una obligación a quien las recibe. ¿Qué obligación impone la salvación a cada creyente?

3. ¿Qué clase de ayuda tenemos para resistir la tentación? (Leer 1 Cor. 10:13; Heb. 2:18).

Paso 4: El Espíritu de Dios confirma nuestra adopción (Romanos 8:14-17)

- Invita a un voluntario para que lea en voz alta Romanos 8:14-17.
- Intercambien ideas sobre el concepto de la adopción y lo que hace por quien es adoptado y por quien adopta. Describe el vínculo íntimo que Dios desea tener con cada uno de Sus hijos. Para ilustrar este concepto utiliza la cita del libro de Josh McDowell, *El padre que yo quiero ser*, que aparece en la página 50.
- Explica la referencia que hace Pablo a «¡Abba, Padre!». Pregunta: «¿Ven ustedes a Dios como alguien a quien pueden invocar con esta clase de intimidad? ¿Por qué con frecuencia esto parece difícil?».
- Pregunta: «¿De qué manera el Espíritu Santo ha dado testimonio a tu espíritu de que eres un hijo de Dios?».
- Explica en qué sentido somos «herederos» y «coherederos» y comenta lo que esos términos significan.
- Explica lo que quiso decir Pablo cuando escribió que los creyentes también «padecemos juntamente con él». Recuerda a los estudiantes que, así mismo, «juntamente con él» seremos «glorificados» (v. 17).

  Sugerencias para el diálogo sobre Romanos 8:14-17:

---

2. Ravi Zacharias, citado en Lee Strobel, *The Case for Faith* [El caso de la fe], (Grand Rapids: Zondervan Publishing House, 2000), págs. 156.

1. Si Cristo nos hace libres de la esclavitud, ¿qué revela eso sobre la profundidad y la calidad de nuestra relación con Él? ¿Por qué es tan fácil olvidar todo aquello de lo cual Jesús nos ha rescatado?
2. ¿Cuán cerca están ustedes de Dios? ¿Qué pueden hacer para mejorar la intimidad que experimentan en su relación con Él?
3. ¿Por qué sufren las personas buenas?
4. Expliquen en qué sentido sufrir con Cristo puede considerarse un honor.
5. ¿Podemos hablar con Dios de la misma forma en que hablaríamos a nuestros padres? Expliquen.
6. ¿Por qué «Abba» es un término tan hermoso?

Paso 5: El Espíritu de Dios nos ayuda en nuestras oraciones (Romanos 8:26-27)

- Invita a un voluntario para que lea en voz alta Romanos 8:26-27.
- Analicen por qué el Espíritu Santo está especialmente calificado para ayudar a los creyentes con sus oraciones.
- Explica que la oración cristiana incluye a las tres personas de la Trinidad.

Sugerencias para el diálogo sobre Romanos 8:26-27:

1. ¿Por qué Dios no elimina el pecado, la tentación y las dificultades que enfrenta el cristiano en su vida?
2. ¿Cómo nos ayuda el Espíritu Santo a orar?
3. Si partimos del reconocimiento de que el Espíritu nos ayuda a orar, ¿por qué no oramos con más frecuencia?

CONCLUSIÓN

Ora para finalizar, pide a Dios que ayude a los miembros del grupo a descansar en el poder del Espíritu Santo. Pídele también que ayude a cada uno a construir una relación íntima con Él, una que desborde de amor, consagración y gratitud por todo lo que ha llevado a cabo para convertir a Su pueblo en un miembro de Su propia familia.

SESIÓN 6:
EL PODER DEL EVANGELIO EN LA VIDA COTIDIANA

PREPARA LA LECCIÓN

ESTUDIO BÍBLICO PERSONAL PARA EL LÍDER

Una de las palabras de moda en nuestra sociedad actual es «poder». Investigué este término en un buscador de Internet y encontré todas las ideas imaginables asociadas con él: poder político, poder económico, poder judicial, poderes públicos, poder de resolución (de una cámara fotográfica). Puede estudiar el poder de la matemática, o aún mejor, ¡dormir una buena siesta! Los seguidores de la Nueva Era hablan del poder interior, mientras que los consumidores tratan de incrementar su poder adquisitivo. A pesar de la diversidad de clases de poder, ninguna de ellas podrá satisfacer las necesidades más profundas del ser humano. Aun si usted pudiera controlar todo ese poder, él tampoco podría operar el cambio más importante y necesario en la vida (una transformación desde adentro hacia fuera). El evangelio de Jesucristo se aplica a las verdaderas necesidades del ser humano y enseña a confiar en el poder de Cristo para satisfacer esas necesidades.

ENSEÑA LA LECCIÓN

Paso 1: Introducción

- Escribe en una hoja grande de papel el título del tema, los títulos de las cuatro lecciones con sus fechas y los pasajes básicos. Dirige la atención al título del tema y al título de la lección para hoy. Explica: En este mundo hay innumerables clases de poder. Aunque muchos adultos buscan con fervor un poder que aporte orden y significado a sus vidas, con frecuencia no les resulta posible hallarlo.
- Distribuye lápices y prepara un gráfico en una hoja de papel. Al lado izquierdo de la hoja escribe lo siguiente: en casa, en el trabajo o en la escuela, en la sociedad en general, como consumidores, como ancianos, en cuestiones espirituales. Prepara copias para todos los presentes. Solicita a los miembros de la clase que escriban, junto a los títulos anteriores, ejemplos de cómo las personas pueden sentirse impotentes en cada una de esas situaciones. Después de unos minutos, invita algunos voluntarios a compartir lo que escribieron en sus hojas. Explica: Hay un poder que está disponible para todos y trae significado, orden y sentido a la vida. El poder del que hablo es el evangelio de Jesucristo. Como veremos en nuestra lección, este tiene poder para llenar las necesidades más profundas del ser humano.

Paso 2: Prestar atención a los mensajeros de Dios (Hechos 3:1-8)

- Pide anticipadamente a tres estudiantes que elaboren una dramatización de lo ocurrido en Hechos 3:1-8 (uno tomará el papel de Pedro, otro el de Juan y un tercero el del cojo). Asegúrate de que el miembro del grupo que represente a Pedro utilice las palabras exactas que se encuentran en el pasaje. Solicita a los participantes que lleven a cabo la dramatización.
- Pide a un voluntario que lea en voz alta Hechos 3:1-8. Pregunta: ¿Qué esperaba el cojo de Pedro y de Juan? ¿Qué sucedió con el hombre? ¿Cuál podría ser un ejemplo de este encuentro en circunstancias de nuestro tiempo? ¿Qué lecciones podemos aprender de las acciones y las palabras de Pedro y Juan? Destaca que, aunque Pedro y Juan eran los mensajeros, el mensaje era sobre Jesús. Explica: Al ocuparnos de las cosas de nuestra vida diaria debemos ser sensibles a las necesidades de quienes nos rodean y al modo en que Dios desea utilizarnos como Sus mensajeros para comunicar el evangelio.
- Sugerencias para el diálogo (Hech. 3:1-8). Pregunta: ¿Hacia dónde iban Pedro y Juan cuando se encontraron con el cojo? ¿Por qué iban allí? ¿Qué enseñanzas podemos recibir de lo que ellos hacían? ¿A qué se refiere la expresión de Pedro: «lo que tengo te doy» (v. 6)?
- Alguien dijo que la iglesia ya no puede decir: «No tengo plata ni oro», pero tampoco está capacitada para decir: «Levántate y anda». Solicita a los participantes que analicen este concepto y que compartan si están de acuerdo o no con él y por qué. Pregunta: ¿Cómo puede la iglesia reconquistar el poder que alguna vez tuvo?

Paso 3: Hacer del Hijo de Dios el centro de nuestra vida (Hechos 3:11-16)

- Pide a un voluntario que lea en voz alta Hechos 3:11-16. Escribe en la pizarra los cuatro nombres o títulos utilizados para referirse a Jesús en estos versículos: Hijo (v. 13), Santo (v. 14), Justo (v. 14), Autor de la vida (v. 15). Pregunta: ¿Cómo se relacionan estos cuatro títulos dados al Señor con el poder del evangelio para llenar las necesidades del ser humano? ¿Cómo se relacionan estos títulos con los creyentes como mensajeros del evangelio?
- Utiliza «Palabra clave», en la página 56, para destacar la importancia de la fe. Recuerda a los miembros del grupo que la fe no es una fórmula mágica ni una forma de pensamiento positivo, sino una creencia o

convicción en alguien o algo para que lleve a cabo lo que una persona o cosa está destinada a hacer o ser. Esto recalca que la fe es solo tan buena como su objeto. Pide a los estudiantes que subrayen las tres últimas frases en «Palabra clave» (comenzar desde las palabras «Debemos entender que la verdad» hasta el final de la sección). Pregunta: ¿Qué hicieron Pedro y Juan para demostrar su fe en Jesús? ¿Qué hizo el cojo? Explica: Una persona pone su fe en un automóvil o un avión para que lo lleve de un punto a otro y son el automóvil y el avión los que ejecutan la acción de transportar, no la fe de la persona. Del mismo modo, al poner la fe en Jesús, es Él, y no la fe que tenemos, quien salva, sana y llena nuestras necesidades más profundas. No obstante, debemos tener fe para beneficiarnos de todo lo que el Señor puede hacer por nosotros.

- Sugerencias para el diálogo (Hech. 3:11-16). Pregunta: ¿Por qué el ser humano con frecuencia se sorprende cuando Dios hace algo milagroso? ¿Cómo desvió Pedro la atención de sí mismo, de Juan y del cojo, para dirigirla a Jesús? ¿Qué podemos hacer para ayudar a los incrédulos a colocar toda su atención en Jesús como el Hijo de Dios?

- ¿Cómo explicarían a un incrédulo el concepto bíblico de la fe? El párrafo anterior (que comienza con las palabras «Utiliza Palabra clave, en la página 56») tiene algunas ideas que te ayudarán para responder esta pregunta.

Paso 4: Responder al plan de Dios (Hechos 3:19-20)

- Pide a un voluntario que lea en voz alta Hechos 3:19-20. Presenta una breve conferencia sobre los pasos que explicó Pedro a la gente sobre responder al plan de Dios en el evangelio.

- Define e ilustra los conceptos de arrepentimiento, conversión, que los pecados sean «borrados», tiempos de refrigerio y la presencia del Señor. Pregunta: ¿Cómo se aplican estas etapas en las conversiones en el tiempo actual? ¿Cómo nos ayudará recordarlas al tratar de compartir a Cristo con otros?

- Sugerencias para el diálogo (Hech. 3:19-20). Pregunta: ¿Cómo se relacionaban el milagro de la sanidad del cojo y el mensaje que compartió Pedro con la gente que estaba en el templo? ¿Cómo quería Pedro que respondiera la gente? ¿Por qué deseaba que ellos respondieran de esta manera? ¿Por qué razón necesitaban los creyentes un «tiempo de refrigerio»? Analicen la palabra «borrados». Pregunta: ¿En qué medida es completo el perdón que Dios da a los que, cuando vienen a Él, aceptan Sus condiciones? Para enriquecer el diálogo utiliza los siguientes pasajes: Salmos 103:12; Isaías 1:18; 43:25 y Hebreos 10:16-18.

CONCLUSIÓN

Explica: La lección de hoy ilustra cómo el evangelio da poder a los que están impotentes para satisfacer sus propias necesidades. El cojo estaba impotente, no podía cambiar su condición física, pero en el nombre de Jesús fue sanado. De manera similar, las multitudes en el templo eran impotentes para borrar sus pecados. Sin embargo, Pedro les explicó cómo podían encontrar satisfacción para sus necesidades espirituales por medio de la fe en el Hijo de Dios. Pide a los estudiantes que mediten en las siguientes preguntas. Lee cada una de ellas y concede unos segundos para que piensen en sus respuestas. ¿Cómo necesitas responder al plan de salvación de Dios? ¿Te has arrepentido de tus pecados y has experimentado un tiempo de refrigerio de Dios? ¿Cómo refleja tu vida que tu centro está en Jesús? ¿Pueden otros afirmar que eres un cristiano? ¿En qué áreas necesitas volver a centrar tu vida en Él? ¿Eres sensible a las necesidades de otros a tu alrededor?

Invita algunos voluntarios a compartir pensamientos o consagraciones que necesitan realizar. Ofrécete para dialogar con quien lo necesite después de la sesión. Para terminar, eleva una oración de consagración tomando como base el título de la lección.